종북주의 연구

종북주의 연구

류현수 지음

이 책은 지난 2012년 나온 『보이지 않는 위협, 종북주의』의 개정판이다. 당시에 필자는 통합진보당 및 그들의 숙주역할을 자처해 온 세력들의 문제점을 밝힌 바 있다. 실제로 통합진보당은 2012년 19대 국회의원 선거에서 비례대표 6명, 지역구 의원 7명 등 총 13명을 당선시키는 결과를 보여 줬다. 소위 말하는 진보적인 정당이 2000년 총선에서 단 한 석도 얻지 못해 등록이 취소된 것에 비하면 괄목할 만한 성과였다.

  물론 다행히도 그리고 잘 알려졌다시피 통합진보당 및 경기동부연합 그리고 그들의 실질적 리더였던 이석기는 자충수 및 분열로 자멸했다. 법과 여론의 심판을 받아 통합진보당은 해산되고 이석기는 감옥에 수감된 것이다. 하지만 그들 이외에도 많은 종북주의자들이 대한민국의 안전을 위협하고 있다. 우리는 어떠한 사람들이 종북주의자인지, 그들이 어떠한 주장을 통해 국민을 현혹하는지 봐야 할 것이다. 경제발전도 중요하고 인간이 인간다운 삶을 누릴 수 있는 복지도 중요하지만 대한민국의 안전이 있어야 그것도 가능할 것이다. 종북주의자들의 위협으로부터 우리 한국을 지켜야 하는 이유이다.

　때로는 종북주의자들의 실체를 잘 모르거나 쉽게 잊어버리는 사람들이 있다. 그래서 시대에 맞지 않는 종북주의자들의 낡은 주장이 먹힐 때가 있다. 이 책을 다시 쓰게 된 이유이다.

2015년 5월
류현수

1부

역사적 심판이
될 것인가

2015년 4월 29일 4곳의 지역에서 국회의원 재보궐 선거가 치러졌다. 여당인 새누리당의 압승으로 끝났지만, 선거 전후로 말도 많고 탈도 많았다. 서울 관악을, 경기 성남 중원, 광주 서구을의 원래 국회의원이 통합진보당 소속이었기 때문이다. 그들은 2014년 12월 19일 대한민국 헌정 사상 처음으로 헌법재판소의 통합진보당 해산 판결에 의해 국회의원직을 박탈당했다. 물론 비례대표였던 이석기와 김재연 역시 의원직을 박탈당했다.

통합진보당 해산 판결 당시 박한철 헌법재판소 소장은 "통합진보당이 전민항쟁과 저항권 행사 등 폭력에 의한 진보적 민주주의를 실현하고 북한식 사회주의를 실현하려 했다."며 "이는 목적상 민주적 기본질서에 위배된다."고 판시했다. 또한 "북한과 첨예하게 대치하고 있는 한반도 상황에 비춰볼 때 추상적 위험에 그친다고 볼 수는 없다."며 "실질적 해악을 끼칠 수 있는 구체적 위험성이 있다."고 지적했다. 결국 박 소장은 "정당해산의 취지를 실효적으로 확보하기 위해 소속 국회의원의 국민 대표성은 부득이 희생될 수밖에 없다."고 덧붙였다.

통합진보당의 해산은 이석기 의원의 'RO(Revolutionary Organization, 혁명조직) 사건'이 결정적 계기가 되었다. 자신이 관리하고 있던 옛 민족민주혁명당(민혁당) 산하 경기동부 인사들의 회합에서 "유사 시 총기를 준비하라." "주요시설에 대한 타격을 준비하라." 등의 국기를 흔드는 발언을 한 녹취록을 확보했다는 국정원의 주장이 나오면서 논란이 확산된 것이다. 국회는 2013년 9월 4일 이석기 의원의 체포동의안을 상정하여 여야 의원 합계 찬성 258표와 반대 14표, 기권 11표, 무효 6표로 체포안을 통과시켰다. 결국 2015년 1월 22일 대법원은 이석기의 내란음모혐의에 대해서는 증거 불충분으로 무죄를 내렸지만, 다행히 내란선동과 국가보안법 위반혐의로 징역 9년형을 확정했다.

통합진보당의 해산은 2013년 11월 5일 황교안 법무부 장관이 국무회의에 '위헌정당 해산심판 청구의 건'을 긴급 안건으로 상정하면서 본격 시작되었다. 법무부가 위헌정당 및 단체 관련 대책 태스크포스(TF)를 꾸린 뒤 통합진보당 해산심판을 헌재에 청구할 수 있는지 법적 근거를 검토한 결과 내린 결론이었다.

2015년 4월 재보선 결과로 돌아가 보자. 이상규, 김미희, 오병윤 등 통합진보당 의원 세 명 중 이상규와 김미희 역시 해당 지역구에 재도전했다. 그 중 김미희만 선거를 완주하였고 성남 중원에서 8.46퍼센트를 얻었다. 예상대로 당선권에서 멀어지며 옛 통합진보당 부활 시도 역시 실패로 돌아갔다는 평가를 얻었다. 그러나 이로써 옛 통합진보당 세력은 다시는 중앙정치에 발을 들이지 못하게 되었으며, 한국은 종북주의(從北主義) 세력으로부터 안전해진 것일까?

문제를 제기하다

남자—"사람들은 자꾸만 남조선은 민주주의 국가고 북조선은 독재 국가라는 식으로 말을 해요."

"그런데 자본주의 국가에서 민주주의란 부르주아 독재를 말하는 것이거든요."

"사회주의 국가에서는 프롤레타리아 독재를 하는 것이구요. 민주주의와 사회주의가 서로 반대되는 뜻이 아니예요."

여자—"다 같은 민주주의지만 자본주의는 부르주아 독재를, 사회주의는 프롤레타리아 독재를 하는 것이라고요. 그렇다면 중요한 것은 그것이 민주주의냐가 아니라 '누구를 위한' 민주주의냐겠네요."

남자—"바로 그거예요. 그런 점에서 볼 때 민주주의는 북조선에서 이뤄진 것 같아요. 예, 맞아요. 나는 이미 북에서 민주주의를 경험했다고 생각해요. 그래서 여전히 저쪽의 민주주의를 더 신뢰합니다. 민주주의의 기본이 백성을 하늘처럼 떠받드는 것이란다면, 그건 바로 저쪽에서 그렇게 했거든요."

위 대화는 두 권으로 이뤄진 만화책 『나는 공산주의자다』에서 발췌한 것이다. 2015년 2월 『어느 혁명가의 삶 1920~2010』으로 제목이 바뀌어 출간되고 있는 이 책의 원작자는 허영철이라는 사람으로 1954년 8월 북한간첩으로 남파되어 1955년 7월 체포됐고 무기징역형을 선고받은 후 36년 동안 감옥에 있다 1991년 출감한 이른바 비전향 장기수이다. 허영철은 2010년에 사망하였다.

파란만장한 삶을 살았던 개인의 인생사는 나름 의미가 흥미롭지만, 남파간첩 출신의 6·25전쟁에 대한 서술이나 북한에 대한 관점 등 전체적인 역사관은 북한의 선전 그대로이다. 한평생 자신은 신념을 가지고 산 것처럼 비춰질 수 있으나 실제의 북한은 그가 알고 있는 것과 달랐다. 개인의 소중한 인생이 철저히 이용당한 것이다. 당연히 책의 내용은 비판할 부분이나 사실과 다른 부분이 상당히 많다. 그런데 이런 책이 경기도 교육청 산하 경기디지털자료실 지원센터라는 곳에서 2014년 초등학생용 인물편 추천도서로 선정되었다.

참으로 놀랄 일이다. 그것도 초등학교 교사에 의해서 추천되었다고 한다. 대한민국에서 자라나는 어린 학생들에게 북한의 정치가 더 낫다는 식으로 주장하는 책을 읽게 하는 것이 정상적일까? 교사면 대한민국의 공무원일 텐데 그는 과연 어떤 생각으로 이 책을 추천하였을까?

위 책은 지금은 전향하여 2014년 헌법재판소의 통합진보당 해산 판결 당시 결정적인 증언을 하기도 했던 'Story K'의 이종철 대표가 추진한 '정부 및 교육청 산하 전국 도서관 어린이·청소년 근현대사 추천도사 모니터링 결과 발표' 기자회견에서 밝혀진 사실들이다. 실제로 아래 인용 글은 경기디지털자료실 지원센터에 나온 『나는 공산주의자다』와 관련된 내용이다.

『나는 공산주의자다』
· 허영철 원작, 박건웅 만화, 보리, 2010
책의 줄거리: 초등학교 고학년생이 읽으면 좋아요.
역사가 한 번도 비껴가지 않은 할아버지의 삶
여러분들은 혹시 비전향 장기수라는 말을 들어본 적이 있는지요? 사회주의 혹은 공산주의 사상 때문에 감옥살이를 하면서도 자신의 사상을 포기하지 않으신 분들을 말하지요. 여러분들은 공산주의자 하면 어떤 생각이 드는지요? 왠지 무섭거나 나쁜 사람처럼 생각되나요? 여기 우리 역사가 지닌 아픔을 온 몸으로 체험한 할아버지 한 분이 계십니다. 1920년에 부안의 가난한 농가에서 태어나서 고향을 떠나 일본과 북해도 등에서 탄광 노동자로 일하면서, 일하는 노동자들보다 일하지 않은 사람들이 더 많이 갖는 현실에 눈뜨면서 사회주의자가 됩니다. 해방 후에는 분단을 막기 위해서 노력하셨지요. 1945년 장풍군에서 공동으로 일하고 공동으로 나누는 삶이 이뤄지는 경험을 하면서 자신의 신념을 더욱 확고히 합니다. 분단이 되고서는 남쪽에서 활동을 하다가 1955년에 체포되셨지요. 36년 감옥살이를 하면서도 자신의 사상이나 신념을 버리지 않으셨어요. 1991년 출감하신 후 남쪽에서 부인과 함께 살고 계십니다. 그동안 우리가 잘 몰랐지만 알아야 하는 이야기, 허영철 할아버지가 담담히 들려주는 이야기를 읽고 있노라면 식민지 시대, 해방 전후 혼란기, 분단, 6·25전쟁을 겪으며 살아온 어른들을 좀 더 이해할 수 있답니다. 박건웅 선생님이 판화 형식의 만화로 이야기를 풀어가고 있어서 어렵지 않게 읽을 수 있답니다.

가ㅇ초등학교 정ㅇㅇ 교사

다행히 통합진보당은 내부고발자 등에 의해 스스로 분열해 자신의 민낯을 드러냈고 중앙정치로부터 퇴출되었다. 하지만 그들이 물러나고 국민들이 정체를 알게 되었다고 해서 한국이 종북주의자들로부터 안전해졌음을 의미하는 것은 아니다. 진보라는 보기 좋은 가면을 쓰고 지금도 사회 곳곳에서 사람들을 선전선동하고 있는 종북주의자들이 있다.

그들 대부분은 주체사상의 세례를 받아 주사파 학생운동을 열심히 한 사람들이다. 주사파 운동권들은 북한 독재 체제를 지구상에서 가장 우월한 체제로 생각하고 있다. 물론 비전향 장기수였던 허영철처럼 한국보다 북한 독재정권에 정통성을 두고 있으며, 김정일·김정은 정권을 중심으로 한반도를 통일하는 것을 목표로 활동을 하고 있다. 북한은 노동자와 농민이 주인이 되는 민주사회이지만 남한은 부르주아 자본가들이 주인인 반민주사회이고 미국에 예속된 신식민지 사회라고 생각하기 때문이다.

그래서 주사파의 당면 목표는 반미 자주화 투쟁을 통해 남한을 해방하고 북한을 중심으로 통일하는 것이다. 주사파가 벌이는 크고 작은 모든 투쟁의 목표는 바로 북한 중심의 통일인 것이다. 이제 시간이 지나 주사파 학생운동가들 중 누구는 열심히 삶을 사는 노동자로, 또 누구는 존경받는 선생님으로, 또 누구는 사회적으로 인정받는 변호사의 모습으로 바뀌었을 뿐이다.

종북주의 문제를 기억하는 사람들은 알 것이다. 한국 최대의 자생적 주체사상파 지하정당이던 민족민주혁명당이 해소되고 최악의 식량난으로 북한이 존재 자체가 흔들리고 종북주의자들이 1990년대 후반 거의 소멸되는 분위기가 있었던 때를 말이다. 경기동부연합의 리더였던 이석기 역시 민혁당 사건으로 감옥에 갇혀 있었다. 그러나 2000년 6월 15일 남북정상회담 등 남북의 거짓평화정세를 이용해 종북주의자들은 정치적으로 재기하였고 이석기 등은 사면되어 자유롭게 활동할 수 있었다. 방심하지 않고 계속해서 종북주의자들의 활동을 눈여겨봐야 하는 이유인 것이다.

또한 우리는 2010년 6월 지방선거 이후 2012년 4월 19대 총선과 12월의 18대 대통령 선거 과정에서 통합진보당 세력이 지금의 새정치민주연합 등의 도움을 받아 대한민국 권력의 중심으로 들어오는 과정을 목격했다. 이런 일이 다시 일어나지 말라는 보장은 절대 없다. 지금도 옛 통합진보당 세력은 야권연대를 이용해 2016년 국회의원 선거에서 중앙 정계로의 복귀를 노리고 있다. 우리에게 진실을 볼 수 있는 눈이 필요하다.

종북주의 고발이 필요한 이유

공포 세계에 사는 사람들은 독재정권과 싸우는 내면의 용기를 가져야 하고 자유세계에 사는 사람들은 독재국가를 바라보는 도덕적 분별력이 필요하다.

—나탄 샤란스키, 『민주주의를 말한다』 중에서

이 책은 종북주의를 비판하고 있다. 종북주의는 말 그대로 북한의 김정일 정권을 따르는 사상이나 이념을 뜻한다. 김정일의 성인 김(金)을 따서 종김주의라고 부르는 사람도 있다. 이러한 종북주의를 바탕으로 행동하는 사람들을 우리는 종북주의자라고 부른다.

물론 종북주의자들은 절대로 이러한 사실을 대놓고 인정하지 않는다. 종북주의는 자신들만이 공유하는 비밀이기 때문이다. 그래서 순진한 사람들은 그들의 실체를 전혀 알 수 없다. 자신을 희생해 한국사회의 진보적인 이상을 그려 나가는 사람으로 이해하고 있기 때문이다. 그래서 이 책 『종북주의 연구』에 대해 "지금이 어떤 시대인데 아직도 이런 책이 나오냐?"며 평가 절하하는 사람도 있을 것이다.

그러나 아직도 종북주의가 무엇인지 모르는 이가 상당히 많다. 종북주의의 위험성 역시 작아지지 않았다. 종북주의를 비판하는 것은 결코 낡지 않은 것이다. 오히려 진보주의자라면 예전에 용도폐기해야 할 종북주의적 사고를 아직까지 갖고 있는 것이 더 큰 문제이다.

우리는 종북주의와 종북주의자들의 실체를 알아야 한다. 지금 이 시간에도 종북주의자들은 진보의 가면을 쓰고 국민을 기만하고, 사회적 갈등을 일으키기 위한 활동을 조직적이고 은밀하게 수행하고 있다.

그리고 그들의 영향을 받은 일부 사람들은 인터넷 카페 등 온라인 공간에서 열심히 북한의 주장을 퍼나르고 있다. 그것이 민중을 위하는 길이고 진보적인 해결방법이라고 강변하면서 말이다. 그러나 종북주의자들의 활동은 한국과 우리 국민에게 해가 되고 있으며, 북한 주민의 이익이 아니라 오직 북한 김정은 독재정권의 안위에 기여할 뿐이다.

이 책은 반공주의의 관점에서 종북주의를 비판하지 않는다. 이제 우리나라는 표현과 사상의 자유가 있는 민주주의 국가로 발전하였다. 자유민주주의 이념을 가질 수도 있고 '정의당' 당원들처럼 사회민주주의나 사회주의를 신봉하는 사람의 생각도 존중되어야 한다. 당연히 대통령을 비롯한 정치인들에 대한 비판도 자유로워야 한다. 그리고 최근 여야를 막론하고 국민들의 복지를 확충하기 위한 정책을 선택하기 위해 노력하듯이 마르크스식 공산주의에서도 우리가 차용하는 개념이 있다.

그러나 북한은 더 이상 공산주의 국가가 아니다. 변질된 '수령독재국가'일 뿐이다. 그것도 자신의 권력을 유지하기 위해 고모부인 장성택마저 무참히 사살하는 김정은의 공포정치가 실현되는 국가일 뿐이다. 북한은 국민을 위해서 정권이 존재하는 것이 아니라 수령을 위해서 당과 인민이 존재한다고 선전하며 주민들의 인권을 침해하고 있다.

또한 3대 세습이라는 현대사에 유례 없는 만행을 저지르기 위해 북한 주민에 대한 탄압을 강화하는 데 국가의 모든 역량을 집중하고 있다. 그러나 자칭 진보라고 주장하는 종북주의자들은 이러한 북한 김정은 정권에 침묵하고 어떠한 비판도 하지 않는다. 오히려 김정일에 이어 김정은 정권이 자행하는 북한 인권문제의 심각성을 알리는

것을 막기 위해 국내외를 막론하고 노력하는 어처구니 없는 행위를
저지르기까지 한다.

2006년 3월 벨기에의 수도 브뤼셀에서 제3차 북한인권국제대회가 개
최되었다. 북한 정권에 의해 자행되는 심각한 인권 유린상태를 개선
하기 위해 EU와 미국 그리고 한국의 NGO 등이 의견을 교환하는 자리
였다. 식량난으로 죽은 사람들과 정치범수용소의 잔악성에 대한 탈북
자들의 증언, 전문가 회의, 그리고 탈북행렬을 다룬 다큐멘터리인 「서
울 트레인」의 상영 등이 전부인 작고 평화로운 행사였다.
그런데 '한반도평화원정대'라는 단체가 대회를 방해하기 위해 나섰
다. 통일연대와 한총련 등이 주축인 이들의 목적은 "미국의 위험한
대북적대 정책을 국제사회에 알리고 한반도에서 전쟁을 저지하기 위
해 원정활동을 전개한다."는 것이었다. 결국 80여 명이나 되는 큰 규
모의 참가단이 벨기에로 몰려가 '반미문화제'와 '대미규탄집회' 등을
집행하며 북한 인권개선을 위한 양심적 지식인들의 노력을 무참히
짓밟았다.

— 김동길 외, 『북한 자유 선언』 중에서

'민주주의와 인권'의 관점에서 종북주의자들의 행위는 비판대상

이 될 수밖에 없다. 유럽의 진보적인 지식인들 역시 이들의 행위를 이해하지 못하고 있다. 그들은 인권문제에 국경이 없다고 생각하고 있으며 실제로도 EU는 북한 인권문제의 심각성을 제기하기 위해서 많은 노력을 하고 있다. 한국의 종북주의자들과는 아주 큰 차이점을 보이는 것이다.

이 책은 크게 세 부분으로 구성되어 있다.

첫 번째로 북한의 역사와 실상을 간략하게 다루었다. 북한사회의 참모습을 알아야 종북주의의 실체도 이해할 수 있기 때문이다. 북한이 어떻게 수령독재 국가가 되었는지, 언제부터 대남사업을 통해 한국사회에 영향력을 미쳐 가는지 알아야 한다.

두 번째로는 누가 종북주의자인지를 밝힌다. 일부는 친북이라는 용어를 쓰기도 하는데, 친북이 무엇이며 종북과 어떤 차이가 있는지를 아는 것도 필요하다. 또한 한국사회의 대표적인 종북주의 집단이 어디인지 이해하는 것도 중요하다. 물론 여기서 언급될 조직에 참여하는 회원들 모두가 종북주의자는 아니다. 그러나 그들 단체가 왜 종북주의 조직이라고 불리는지 알아야 한다.

마지막으로는 '왜 종북이 문제인지', 그들이 '왜 진보라 불릴 수 없는지'를 다루고 있다. 진정한 진보라면 우리나라를 둘러싼 다양한 문제들을 함께 논의해야 할 것이다. 물론 국민들도 통합진보당과 그

전신인 민주노동당 등이 간첩단 사건마다 연루된다는 점, 북한의 3대 세습을 비판하지 못하고, 천안함 폭침과 연평도 포격사건이 이명박 정부 책임이라고 주장한다는 점 등을 알고 있다. 종북주의자들의 정체에 대해서 조금씩 파악하기 시작한 것이다. 내가 우리 국민들의 도덕적 분별력을 믿는 이유이기도 하다.

역사적으로 독재자를 위해 충성을 다한 세력들이 결국 어떠한 평가를 받았는지 우리는 잘 알고 있다. 이는 앞으로 한국 역사에서 종북주의자들이 친일파 못지않은, 아니 더 큰 비판을 받게 되는 이유이기도 하다. 이 책은 종북주의자들에 의한 상처를 최소화했으면 하는 바람, 종북주의자들이 역사적으로 평가받는 시간을 조금 더 앞당기고자 하는 바람을 실현하기 위한 작은 노력의 산물이다.

2부

북한의 참모습

북한의 역사

북한은 1945년 소련군정 시기부터 1967년 종파주의 사건으로 2인자인 박금철 내각 부수상이 숙청될 때까지는 어느 정도 사회주의 국가 체제로 분류될 수 있었다. 김일성이 권력을 가졌지만 조선노동당의 결정에 따라야 하는 권력구조도 이때에는 유효했다.

그러나 김일성이 권력을 완전히 잡은 후부터 북한의 체제는 변했다. 예컨대 사회주의에서 가장 중요한 당의 권위가 약화되고 중요한 의사결정기구인 당대회마저 1980년 10월 제6차 대회 이후 30년이 넘게 개최되지 않았다. 2010년 9월 진행되어 김정은 후계 체제의 시작을 공식적으로 알린 당대표자회도 1966년 10월에 마지막으로 열린 후 약 44년 만의 일이었다.

북한은 마르크스주의와 민족주의 성향을 혼합한 주체사상을 김일성 우상화에 이용해 수령이 당과 대중의 이익에 복무하는 것이 아닌 수령이 당과 대중 위에 군림하는 기형적인 구조를 만들었다. 그 결과 북한 전역에 3만 8,000개의 김일성 동상이 세워져 있으며, 약 8억 9,000만 달러라는 큰 돈을 들여 김일성 시신이 안치된 금수산기념궁전을 지었다. 이 돈을 옥수수 등 식량을 사는 데 썼더라면 1990년대 후반에 굶어죽었다는 300만 명 중 일부라도 구할 수 있었을 것이다.

　1990년대 중후반 최악의 식량위기를 북한에서는 '고난의 행군' 시기라고 부른다. 이 말은 김일성이 항일활동을 하던 시기 혹한과 굶주림 속에서 일본군의 토벌작전을 피해 100여 일간 행군한 것에서 유래한 것이다. 그만큼 체제에 위기가 왔음을 북한이 공식적으로 인정한 것이다.

　식량 배급에 의존하던 주민들은 배급이 끊기자 하나 둘 죽어갔다. 하지만 북한 당국은 아무 것도 할 수가 없었고 결국 살아남은 사람들은 스스로 생존하기 위한 방법을 찾게 됐다. 그렇게 만들어져 활성화된 것이 암시장인 장마당이었다. 주민들은 장마당 등 시장을 통해 물건을 거래하기 시작하였고 예전과 달리 도(道)와 도를 이동하면서 물건을 파는 사람도 생겼다. 시장경제의 혈액 순환이라고 할 수 있는 유통이 활성화된 것이다. 예전에 장거리를 이동하기 위해서는

중국 단둥에서 바라본 신의주.
개발이 되지 않아 황량한 느낌을 준다.

신의주 바로 맞은편에 위치한 중국 단둥.
압록강 하나를 사이에 두고 차이가 크다.

통행증이 필요했고 그것을 받는 것은 상당히 까다로웠다.

하지만 먹고 살기 힘들어진 것은 간부들도 마찬가지였다. 간부들이 자신들의 지위를 이용해서 뇌물을 받고 통행증을 발급했기 때문에 통행증을 받는 것이 쉬워지기 시작했다. 이것은 위로부터의 변화가 아니라 아래로부터의 변화였다. 그러나 종북주의자들은 이러한 것을 언급하지 않는다. 『민족 21』은 수년에 걸쳐 북한을 취재해 왔지만, 북한 주민들의 고통받는 실상을 언급한 적은 없다. 다만 최근 북한의 변화가 북한 나름의 개혁, 이른바 '우리식 사회주의'에 기초해서 북한에 맞는 개혁과 개방의 방식을 찾고 있다고 변호한다. 그래서 김정일의 통 큰 결단이 있었기에 이런 것들이 가능했다는 식으로 설명한다.

3대 세습의 과정

김정일의 출생연도는 1941년이다. 하지만 김일성이 태어난 1912년에 맞추기 위해 공식적으로는 1942년으로 바뀌어 알려졌다. 김정일의 후계자인 김정은 역시 원래는 1983년생인데 역시 10년을 맞추기위해 1982년으로 조작했다는 설이 있다. 후계자로서의 권위를 갖기위한 여러 술책 중의 하나이다.

2010년 새롭게 등장한 김정은은 원래 김정일의 셋째아들이다. 장남은 각종 언론에 여러 차례 등장해 인터뷰를 하였던 김정남이다. 1971년생인 그는 10살이 넘게 차이나는 동생에게 권좌를 빼앗긴 셈으로 지금도 북한에 제대로 들어가지 못하고 마카오 등 해외에서 떠돌고 있다. 얼마 전 페이스북 글로 유명했던 김한솔이 그의 아들이다. 김정남의 어머니는 김정일보다 연상인 영화배우 성혜림으로 그녀는 김정은의 어머니가 아니다. 김정은의 어머니는 재일교포 출신의 무용수 고영희이다. 물론 북한 주민들은 김정남이나 성혜림은 물론 고영희에 대해서도 알지 못한다. 만약 주민들이 고영희가 재일교포 출신 무용수였다는 것을 알면 김정은의 우상화에 치명적인 타격이 될 것이라는 주장도 돌고 있다. 재일교포가 북한에서는 상대적으로 좋지 않게 인식되기 때문이다.

김정일이 김일성의 후계자가 될 수 있었던 명분 중 하나는 "김일성이 창시한 주체사상을 이론적으로 발전시켰다."는 식의 선전이었다. 할아버지 김일성의 모습을 그대로 따라 하며 데뷔한 김정은도 비슷한 방식으로 권력을 이양받을 것이 예상되었지만 지금은 툭하면 사람들을 처형하는 공포정치라는 잔혹한 방법으로 권력을 유지하고 있다.

선군사상은 1995년 초에 논의되기 시작한 선군정치에서 비롯되었다. 1998년 김정일의 국방위원장 취임과 함께 북한의 핵심적 통치방식으로 알려진 것이다. 선군정치는 군의 영향력을 정치와 경제뿐만 아니라 교육, 문화, 예술 등에 이르기까지 북한사회의 전 영역에 투영시키는 것을 목적으로 한다. 이후 김정일 사상의 핵심사상으로 강조되었으며 2004년 1월부터 '선군사상 일색화'를 주창하기 시작하였다.

물론 종북주의자들 역시 조금씩 선군사상에 대해 언급하고 있는데, 어떻게 선군사상이 한국의 운동권들에게 먹힐지 궁금해지는 대목이다. 물론 기존의 주체사상파들은 당연한 듯이 선군사상을 받아들이겠지만 새롭게 종북주의의 영향을 받는 대학생들을 어떻게 설득시킬지 말이다.

북한의 독재기구

'동유럽 사회주의권 국가들은 망했는데, 북한은 왜 망하지 않았는가?'라는 주제는 관련학자들의 입장에서 볼 때 매우 흥미롭다. 300만 명이 굶어죽고 수십만 명의 탈북자가 발생했음에도 김일성 사후 약 17년이라는 긴 시간 동안 김정일이 통치해 왔고 이제는 3대인 김정은이 권력을 유지하기 때문이다.

북한이 망하지 않은 이유는 북한의 선전과 종북주의자들의 주장처럼 북한 주민이 한마음으로 합심해 김일성이나 김정일을 신뢰하고 살았기 때문일까? 거의 모든 탈북자들의 증언은 이것이 거짓이라고 말한다. 북한 주민들의 행동은 '김정일·김정은을 중심으로 합심'한 것이라기보다는 "알아서 기었다."고 표현하는 것이 적절하다. 조금이라도 어긋난 행동을 했다가는 자신뿐만 아니라 가족까지 처벌을 받을 것이 두렵기 때문에 반체제적인 시위 등은 엄두도 못 낸 것이다.

황장엽의 글은 이러한 북한의 분위기를 잘 보여 준다. 그는 "북한에서 김정일 체제에 반대하는 봉기가 일어나지 못하는 것을 이상하게 생각할 게 아니라 지상낙원인 남한에서 한총련 학생들이 친북반미·미군철수를 주장하고, 전국교직원노동조합(이하 전교조) 등이 김정일의 이야기를 그대로 아이들에게 전하는 것이 왜 이뤄지는지를 더 이상하게 생각하는 것이 옳지 않느냐?"고 말한다.

며칠 전에 한국의 어떤 청년한테서 편지를 받았습니다. 주요 내용은 김정일 독재 정권의 간악한 현상을 이야기한 후 "이런 상태에서 북한 동포들이 왜 일어나지 못하는지 도저히 이해할 수 없다."는 내용이었습니다.

그런 의문을 가진 사람들이 적지 않습니다. 저는 좋은 생각이 아니라고 봅니다. 그 사람이 편지에서 든 예는 "차우셰스쿠(루마니아의 독재자로 민중봉기 후 처형됨) 독재가 심했지만 인민들이 들고 일어나서 전복할 수 있었다. 어떤 힘으로도 이것을 막지 못했는데 왜 북한에선 일어나지 못하는가?" 하는 이야기입니다.

저는 차우셰스쿠가 망하기 전인 1987년에 루마니아에 가 봤습니다. 루마니아 독재는 동유럽 사회주의 나라들 가운데 가장 심했지만 김정일 독재하고는 아예 비교도 안 됩니다. 우선 루마니아는 텔레비전으로 주변 국가들의 방송을 모두 볼 수 있었습니다. "루마니아의 위치가 중간에 있기 때문에 못 보게 할 수가 없다."는 것입니다. 그리고 차우셰스쿠가 독재를 했다고 하지만 그의 부인 엘레나가 과학 분야 등에서 큰 영향력을 갖고 있었습니다. 말하자면 좀 분권화가 돼 있었습니다. 당시 둘째아들을 내세우고 있었지만 정치국 후보위원이고 권력을 좌지우지하는 그런 상태도 아니었습니다.

차우셰스쿠를 여러 차례 만나보았는데, 독하디 독한 사람이지만 독재를 북한처럼 하지는 못했습니다. 북한처럼 사람들을 마음대로 돌아다니지 못하게 통제한다거나 밤에 와서 숙박검열을 한다든가 그런 것은 없었습니다. 북한처럼 전면적인 통제를 못한 것입니다. 그런 상태인데다 소련이 무너지다 보니 군대도 잘 장악하지 못했습니다. 결국 군대가 반기를 들고, 차우셰스쿠는 다른 데로 피신하지 못해 죽게 되었습니다.

그러나 김정일은 자기 아버지 때부터 유례없는 독재를 실시해 왔습니다. 어쨌든 김일성은 빨치산 투쟁을 해서 사람들 속에서 권위가 있었습니다. 김정일은 이 권위와 결부시켜서 계속 봉건적인 사상으로 사람들을 교양했습니다.

북한은 독재정권의 사상적 지반이 차우셰스쿠와는 비교도 안 될 정도
로 튼튼합니다. 게다가 중국이 북한 정권을 지지합니다. 그러니까 국
내적으로 볼 때 독재세력이 반독재 민주주의 역량에 비해서 압도적으
로 우세했습니다. 여기에 중국이 북한 정권을 지지하기 때문에 북한
에서는 도저히 봉기가 일어날 수 없는 것입니다.

　　　　　　　　　　　　　─황장엽, 『황장엽 선생의 마지막 대화』 중에서

정치범수용소

한국에 온 탈북자들 중에 '정치범수용소' 출신들이 여럿 있다. 정치
범수용소는 1950년대 후반부터 운영되어 왔으며 현재 국제사회의
압력에 의해 폐쇄설이 돌았던 함경남도 요덕 등 6개 수용소에 남녀
노소를 가리지 않고 약 20만 명의 수감자가 있는 것으로 추정된다.
최근에는 체제에 반기를 들었던 정치범뿐만 아니라 한국행을 기도
했거나 기독교를 믿는 경우는 물론 살기 위해 잠시 중국으로 간 사
람들도 수감대상이다. 가족 중 한 명이 죄를 짓더라도 온 가족이 끌
려가기 때문에 어린아이들도 많다.

　한국에 와 있는 강철환, 김혜숙 씨 등은 할아버지의 잘못으로 인
하여 어린 시절 정치범수용소로 끌려갔다. 그들은 한참 동안이나 자

신이 왜 수감되는지 영문도 몰랐다. 2002년 겨울 처음 강철환 씨와 만나 이야기를 나눈 이후 더 많은 수용소 출신들과 만나면서 수용소의 잔악함을 조금씩 확인하기 시작했다. 그리고 정광일, 안명철 씨 등의 사람들과 만나 더 이야기를 나누면서 정치범수용소의 철폐를 주장하게 되었다.

수용소에 가면 어린아이들도 강제노역에 시달리게 된다. 열세 살에 끌려갔다가 28년 만에 풀려난 김혜숙 씨는 자신의 수용소 삶에 대해 "개만도 못한 삶을 살았다."고 회고하고 있다. 그녀는 일곱 식구의 한 달 배급량이 강냉이 6~7킬로그램이 전부라 그저 배불리 먹어 보는 것이 유일한 소원이었다고 한다. 그래서 쥐를 잡아먹는 것은 예사고 심지어 자기 자식을 잡아먹었다는 여자도 둘이나 보았다고 증언하고 있다.

김혜숙 씨는 제대로 배우지도 못하고 중학교를 졸업한 후 열여섯 살 때부터 탄광에서 하루 16~18시간씩 석탄을 캤다. 오른쪽 엄지손가락은 석탄을 캐다 잘렸고 같은 탄광에서 일했던 남동생은 사고로 목숨을 잃었다. 그녀가 수용된 곳은 혁명화구역이었다. 정치범수용소는 완전통제구역과 혁명화구역으로 나뉘어 운영된다. 혁명화구역은 시간이 지나면 운이 좋은 경우 나올 수 있지만, 완전통제구역은 그곳에서 태어나 죽는 순간까지 살아야 된다.

정치범수용소 / 일과	14호(평남개천) 관리소	13호(함북온성) 관리소	15호(함남요덕) 혁명화구역 입석리 지구
기상	5~7시(작업준비)	4~5시	5시
아침식사	7시		
대열점검		6시 30분	5시 30분
작업장 진출	7시 30분	6시 30분~7시	
오전 작업	8~12시	7~12시	
점심식사	12~13시	12~14시	12시~12시 30분
오후 작업	13~20시	14~20시	12시 30분~20시
오후 휴식	정규 휴식시간 없음		17시~17시 30분
저녁식사	20~20시 30분	20시 30분~21시 30분	
추가작업	20시 30분~22시		18~21시
총화 및 인원점검	22~23시	21시 30분~22시	22시
	(사상투쟁)		
사상교양	없음	없음	22~23시
취침	23시		23시

정치범수용소 수감자의 일과

완전통제구역 수용자들은 혁명화구역보다 훨씬 더 못한 인간 대접을 받는 것으로 알려졌다. 위의 표는 수용소 출신의 증언을 통해 정치범수용소의 일과를 정리한 것이다. 새벽부터 밤까지 강제노동에 동원되는 수감자들의 삶을 확인할 수 있다.

6군단 쿠데타 모의사건

북한에서도 큰 쿠데타 사건이 일어날 뻔했다. 이른바 '6군단 쿠데타 모의사건'이 그것이다. 1995년 함경북도 청진에 주둔한 인민무력부 6군단에서 정치위원을 중심으로 쿠데타를 모의하다 발각, 장성급을 포함 군 간부 40여 명이 처형당했다. 당시 6군단은 청진에 사령부를 두고 3개 보병사단과 4개 방사포여단, 1개 포병사단을 예하부대로 두고 있었다.

쿠데타 모의는 6군단 정치위원(소장에서 중장 계급)을 중심으로 예하 부대 대대급 지휘관까지 확산되었다. 여기에 함경북도 도당 책임비서, 국가안전보위부, 사회안전부(인민보안성) 부부장 이상 간부급이 대거 가담했다. 당시 함경북도 군, 당, 행정 책임자 대부분이 이 모의에 가담했다고 간접적으로 확인할 수 있는 부분은 처벌받은 사람이 300~400명이나 된다는 사실이다. 결국 6군단이라는 부대 자체가 사라졌으며 9군단이 청진에 사령부를 두고 있다.

필자는 6군단 쿠데타 모의사건에 연루된 아버지를 두었던 한 탈북자로부터 많은 이야기를 들을 수 있었다. 그는 아버지가 숙청당한 것은 물론 자신 역시 다니던 학교에서 퇴학당해 시골로 쫓겨났다가 탈북하였다. 어머니와 형의 행방은 아직도 모르고 있다. 정치범수용소에 끌려가지 않은 이유에 대해서는 "자신의 가족이 할아버지 때부터 조선에서 당성이 좋은 것으로 유명했기 때문에 아버지의 친구들이 보호해 주었다."고 말했다. 이렇게 북한에도 저항의 움직임은 있다. 그러나 무자비한 탄압이 이뤄지고 사건에 관한 어떠한 정보도 외부에 공개되지 않을 뿐이다.

종북주의자들은 탈북자들과 진지한 이야기라도 한 번 나누면 될 일을 "그들이 체제를 배신하였으니 북한에 대해 좋은 말을 하지 않는 것은 당연하다."는 말 한마디로 눈과 귀를 막고 있다. 앞에서 말했듯이 3만여 명에 가까운 탈북자가 한국에 와 있으며, 그들을 만나는 것은 어렵지 않다. 그들 중 몇 명과 이야기만 나누어도 북한에 관한 탈북자들의 증언이 진실인지 거짓인지 밝히는 것은 어렵지 않을 것이다.

주체사상과 선군사상

북한은 1998년 9월 개정한 사회주의 헌법 제3조에서 "조선민주주의인민공화국은 사람 중심의 세계관이며 인민대중의 자주성을 실현하기 위한 혁명사상인 주체사상을 자기 활동의 지침으로 삼는다."고 명시한다. 김정일 역시 주체사상이 "사람이 세계에서 주인의 지위를 차지하고 세계를 개조하는 데 결정적 역할을 한다는 것을 과학적으로 해명한 데 기초하여 역사의 주체인 인민대중이 자기 운명을 자체의 힘으로 개척해 나가는 길을 밝혀 주는 혁명사상"이라고 말했다.

그러나 북한이 '주체사상'을 유일한 지도이념으로 내세운 것은 김일성 유일지배 체제를 구축하기 위한 것 이상도 이하도 아니다. 김정일은 주체사상을 '김일성주의'로 명명하며 '마르크스-레닌주의를 능가하는 현 시대 노동계급의 영생불멸의 지도이념'이라고 말한다. 그리고 김정일이 주체사상을 김일성주의로 정식화했을 뿐 아니라 그 체계와 원리·방법을 발전, 풍부화시켰다고 선전하는 등 주체사상을 자기의 권위를 높이는 데 이용하고 있다.

김정일은 자신의 권력기반이 안정되면서 공산주의 이데올로기나 주체사상을 크게 강조하지 않았다. 탈북자들은 북한에서 마르크스와 관련 책이 금서였음을 증언하고 있다. 그리고 대다수의 탈북자들은 주체사상에 대해 거의 알지 못한다. 해외나 대남사업을 위한 선전에만 이용했기 때문이다. 하지만 주사파들은 아무런 비판도 없이 이것을 받아들이고야 말았다.

처음부터 그러지는 않았지만 주사파가 학생운동의 주류가 되면서 북한이 시키는 대로 하는 것이 옳다고 생각하고 절대적으로 추종하기 시작한 것이다. 그래서 1980년대 말부터는 회합을 하기 전에 김일성 초상화 앞에서 묵념부터 하는 것을 당연하게 여기는 지경에 이르렀다. 1994년 7월 김일성이 사망했을 당시 한국의 운동권 대학생들이 제사상을 차려놓고 북한 사람들처럼 우는 등 큰 슬픔에 빠졌다는 증언이 나오는 것도 이 때문이다.

북한은 김정은 후계 체제의 안정화를 위해 김정일이 만들었다는 선군사상을 새롭게 선전하기 시작하였다. 선군사상은 '말 그대로 군대를 앞세운다.'는 뜻이다. 북한은 처음에는 당과 수령의 인민에 대한 영도라고 하다가 수령·당·인민의 순서로 중요도를 바꾸었다. 선군 사상은 당의 영도에 앞서서 군대를 앞세운다는 말로 설명될 수 있다.

김정일은 당적인 직위보다도 군사적인 것을 강조했었다. 이는 김 일성 사망 후 김정일이 국방위원장으로 나서며 선군사상을 내세운 것에서 알 수 있다. 자신의 독재를 지키는 데 가장 필요한 것은 무력 을 가진 군대이기 때문이다. 선군사상을 지도사상으로 내세웠다는 것은 이념에 기초하기보다는 무조건적인 복종과 무조건적인 우상화 에 기초해 사람들의 자주의식을 마비시키는 것이다.

그러다 보니 당의 선전보다도 폭력과 군대를 앞세우게 되었다. 물 론 여기에서의 군대는 인민을 위한 군대가 아닌 수령을 위한 군대이 며, 김정일이나 김정은이 군대를 자주 시찰한 것은 군대를 자기편으 로 만들고 군대가 자기를 지지한다는 것을 보여 주기 위한 것일 뿐 이다.

스탈린이나 마오쩌둥, 김일성도 하지 않은 일을 김정일이 했고 이 어서 김정은이 하고 있는 것이다. 한마디로 선군사상은 김정일을 무 조건 신격화했다고 보면 된다. 황장엽은 "선군사상이야말로 북한의 독재 체제가 타락하고 또 타락해서 반(反)인민화된 가장 반동적인 체 제라는 것을 잊어서는 안 된다."고 강조하기도 하였다.

김정일이 죽기 전까지 주체사상은 거의 강조되지 않았다. 종북주의자의 다른 표현인 주사파라는 명칭도 선사파(선군사상파)로 바뀔 가능성이 높은 이유이다. 북한의 군대는 정치는 물론 경제 등 모든 분야에 영향을 미치고 있다. 김정일 사망 이후 발간된『노동신문』2011년 12월 22일자 사설에는 '선군'이란 단어가 21회나 사용되기도 하였다.

해외에서 더 관심이 많은 북한 인권문제

종북주의자들은 북한에 인권문제는 전혀 없다고 강조한다. 북한 인권문제를 제기하는 것이 보수진영의 정치적 술수일 뿐이라고 평가절하한다. 그리고 어떤 사람들은 "외부에서 떠들어봤자 인권 개선에 아무런 도움이 되지 않는다."고 말하면서 한국 국회에서 북한인권법안이 통과되는 것을 극렬하게 반대하기도 한다.

그러나 한국의 독재 시기 해외의 많은 인권운동가, 종교인들이 한국의 민주화운동을 지지하는 성명을 발표했고 그것이 한국의 민주화운동가들에게 큰 힘이 되었다는 것을 우리는 기억한다. 또한 독재정권에게도 심리적 부담이 되었다. 이는 북한 역시 마찬가지이다. "외부에서 북한의 인권문제에 큰 관심을 갖고 있다."는 사실 하나만으로도 북한 주민들에게 커다란 힘을 줄 수 있는 것이다. 이런 이유에서 수년 전부터 북한 인권활동가들은 유엔과 EU 등에서 북한 인권문제를 제기하고 있으며, 그 결과 2013년 유엔 차원의 공식기구인 북한인권조사위원회(Commission of Inquiry, COI)가 출범해 북한 인권문제를 조사하고 공식보고서를 제출하는 성과도 얻었다.

2011년 12월 22일 유엔총회 본회의에 앞서 죽은 김정일에 대한 묵념이 진행되었다. 하지만 한국과 미국은 물론 일본, 유럽국가 등이 퇴장해 회원국의 3분의 1만 묵념을 하였다. 퇴장한 국가들은 김정일이 수십 년간 주민들의 인권을 말살하고 핵개발을 추진한 점을 들어 묵념을 거부하였다고 한다. 이렇게 세계 각국에서는 김정일이 자행한 인권유린문제에 관심을 가지고 유엔 차원에서 해결하기 위해 많은 노력을 한다.

탈북자들의 증언에 의하면 외부의 발언에 북한 당국이 어느 정도 반응하는 것으로 알려졌다. 유엔에서 탈북자 송환 후 처벌문제를 거론하면 그들의 생존을 확인해 주거나, 북한에 거주 이전의 자유가 없다는 지적하면 헌법 조항을 개정하기도 한 것이다. 이렇듯 미묘하나마 북한은 국제사회의 압력에 반응해 왔다. 유엔 등의 활동이 의미가 있는 것이다.

3부

다양한
종북주의 사례

식민지 시대 한 새끼(박정희 전 대통령)는 왜놈 쪽발이의 앞잡이였고, 한 사람(장준하 선생)은 독립운동 했던 사람이야. 한 사람은 힘으로 나라를 잡았고 한 사람은 펜으로 국민의 마음을 잡았던 사람이야. (중략) 애(박정희)가 혈서를 써, 그러고 나서 애가 만주에 장교로 있다가 일제 패망하고 나서 우리나라 항일군 장교가 돼. (중략) 미국은 수많은 무기를 만드는데 무기를 소비할 데가 없어 아랍을 타깃으로 해 전쟁을 일으켰어.

위는 2009년 경남의 한 고등학교 역사시간에 진행되었던 허 모 교사와 2011년 경기도 한 중학교에서 수업시간에 있었던 정 모 교사의 수업 중 발언이다. 이 발언들은 학생들이 수업내용을 직접 녹음해서 인터넷에 공개한 것이다. 비슷한 사례는 또 있다. 2011년 10월 말에는 경기도 한 고교의 문 모 교사가 욕설과 함께 "이명박 대통령은 물러나야 한다." "박근혜 아줌마는 나오면 맞으니까 안 나온다." 등의 발언을 한 것이 공개되었다. 이와 같은 일이 언론에 보도되어 사회적인 이슈가 되었다. 학생들은 선생님의 발언에 문제가 있어 공개를 결심했다고 한다.

『조선일보』 등 보수 언론에서는 '막말 좌편향 수업은 전교조 소속 교사가 대부분'이라며 문제를 제기한다. "사실 왜곡이나 비논리적인 반정부·발언을 반복하는 교사들에게 학생들이 반발하고 있다."는 것이다.

어린 학생들을 대상으로 하는 수업은 최대한 가치중립적으로 이루어져야 된다. 사전지식이 부족한 학생들에 대한 교사들의 영향력은 클 수밖에 없다. 허 모 교사의 수업을 전부 들어봐야 더 합리적인 결론을 낼 수 있겠지만, 위의 녹음 파일 내용으로만 보더라도 많은 문제를 느낄 수 있다.

어떤 사람은 '속 시원하게 교사의 생각을 이야기한 것이 뭐가 문제가 되냐?'라고 생각할 수 있다. 하지만 역사적인 인물에 대한 평가는 다양하기 때문에 조금 더 주의를 해야 하지 않았을까? 예를 들어

박정희 전 대통령은 잘못도 많이 했지만, 잘했다는 평가도 많다. 한국 현대사의 인물을 학생들에게 소개하려 했다면 최대한 균형감각을 가지고 설명했어야 했다. 교사의 일방적인 생각으로 수업이 이루어져서는 절대로 안 된다.

위의 내용을 가지고 허 모 교사나 정 모 교사가 '종북주의자'라 말할 생각은 없다. 그들이 생각하고 주장하는 내용은 교실이 아니어도 얼마든지 많이 퍼져 있다. 그들처럼 생각하는 사람도 굉장히 많다. 다만 그들이 교사이기 때문에 수업내용과 방식에서의 문제가 제기된다는 것이다. 그렇다면 다음 사건에 대해서는 어떻게 생각해야 할까?

종북주의 수업 사례

—북의 핵문제를 단순히 어리석은 망동으로 치부하는 관점에서 볼 수 없다. 북핵문제가 발생한 근본원인은 무엇이라고 보는가?(6점)

—한국전쟁으로 한반도에서는 200만 명 이상이 목숨을 잃었고 우리 민족의 삶의 터전은 초토화되었으며 같은 민족끼리 불구대천의 원수로 만들어 버렸다. 6·25전쟁이 우리 민족에게 어떤 전쟁인지 자기 나름의 성격을 규정해 보아라.(5점)

—1990년대 소련을 비롯해 동유럽 등 사회주의 국가들이 줄줄이 몰락할 때 북한은 왜 망하지 않았을까?(15점)

이 시험문제들은 전(前) 전교조 김 모 교사가 낸 고1 도덕 시험문제
이다. 그런데 이 시험문제들은 대학 운동권 중에서 소위 NL(National
Liberty, 민족해방)이 신입생들의 '시각교정'을 위해서 쓰는 내용과 같
으며, 북한에서 선전하는 내용이기도 하다. 고등학교 도덕 교과서에
나오는 내용도 절대 아니다. 언론에 소개된 답들을 보면 문제의 심
각성을 느낄 수 있다. 문제 순서대로 인용한다.

―미국의 대북강경책에 의한 북한의 생존전략, 부시 정부의 대북공격
의지로 인한 북한의 보호정책

―같은 민족끼리 전쟁을 일으켜 타 국가에 이득을 준 안타까운 전쟁,
미국에 무기비 퍼 준 전쟁, 미국과 소련을 대리한 전쟁

―김일성 주석을 중심으로 한마음이 돼 있어서 북한 사람들은 우리나
라와 달리 정부와 지도자를 매우 신뢰하기 때문, 북한에 한민족의 기
상이 남아 있어 어려워도 서로 도와가며 민족의 자부심을 갖고 생활

북한이 상당히 오래전부터 핵무기를 개발했다는 것은 이미 밝혀졌다. 냉전 시기부터 핵무기를 준비해 왔다는 것이 탈북자들과 전문가들의 소견이다. 상식적으로 볼 때도 핵기술은 어느 날 뚝딱 나오지 못한다. 장기간에 걸쳐 인력과 물자를 투자해야 하며 외부로부터의 기술원조도 필요하다. '미국이 우리를 위협하니까 만들어야지.'라고 생각해서 만들 수 있는 것이 절대 아니다. 북한은 한반도에서 핵무기를 개발했다는 비판을 피하고자 미국의 부시 전 행정부의 위협을 핑계 삼았을 뿐이다.

두 번째 문제와 세 번째 문제도 마찬가지다. 6·25전쟁과 관련된 소련 비밀문서의 해제를 통해 김일성이 한반도를 적화통일하기 위해 소련의 스탈린 등을 설득해 전쟁을 일으켰다는 것이 정설이 된 지 오래이다. 김일성과 당시 북한 지도부에게 큰 책임이 있는 것이다. 또한 북한이 동구 사회주의 국가가 몰락했음에도 망하지 않는 것은 김일성을 신뢰해서가 아니라 폐쇄된 사회의 특성 때문에 외부의 변화를 몰랐기 때문이다. 탈북자들은 "주민들이 체제에 반하는 행동을 했다가는 개인이 아닌 온 가족을 처벌하는 연좌제가 심해 감히 봉기할 생각을 하지 못했다."고 증언하기도 한다.

이 시험문제를 출제한 김 모 교사는 개인 블로그나 카페 등에 출제 의도를 "북한을 같은 민족으로 더불어 살아가야 할 하나의 소중

한 정치 체제로 인식하게 하기 위함"이라고 설명하며 "북한에 대한 객관적 이해를 돕기 위해 노력했는데 이러한 교육의 성과가 나타나고 있다."고 평가하였다.

그러나 김 교사 사례는 학생들의 성적과 관련된 시험이라는 점에서 앞의 수업과는 무게감이 다르다. 주관식이기 때문에 교사가 낸 문제의 의도를 파악하고 교사가 요구하는 답안을 써야 한다. 물론 우리는 김 교사의 수업을 통해 학생들이 북한과 한반도 정세에 대해 잘못된 생각을 갖기 시작한다고 우려할 수밖에 없다.

김 씨는 1996년 이적단체인 조국통일범민족연합(범민련) 전북연합 집행위원장으로 구속되어 징역 1년을 산 전례가 있다. 또한 전교조 전북통일교사 모임 전용인 인터넷 카페 '통일파랑새'를 개설하고 이 카페의 정체성을 '자주통일 원칙에 동의하는 사람들의 통일논의 공간'이라고 정의하였으며, 목적을 '통일혁명가를 키우기 위함'이라고 밝히고 있다.

또한 그는 전북 B중 학생과 학부모 180여 명을 빨치산 추모제에 데려간 혐의로 국가보안법에 걸려 2008년 구속된 바 있다. 결국 대법원은 2013년 3월 김 교사에게 무죄를 선고한 1, 2심을 깨고 "유죄" 취지로 전주지법으로 돌려보냈다. 대법원은 "이 사건(빨치산) 전야제는 순수하게 사망자들을 추모하고 위령하기 위한 모임이 아니라 북한 공산집단에 동조하고 빨치산 활동을 미화·찬양하는 성격의 행사"라며 "이를 반국가단체 활동이라고 볼 수 없다고 판단한 원심은 법리를 오해한 위법이 있다."고 판시했다.

북한의 선전을 한국에 알리는
종북주의자

『민족21』이라는 월간지가 있다. 자신이 2000년 6·15 공동선언이 낳은 옥동자라고 스스로 자랑하는 이 잡지는 "북한 주민들의 살아가는 모습이 이상하다고 생각하기 전에 서로의 '다름'을 인정하고 그들의 생활을 이해해야 한다."며 북한 주민들의 실상을 소개한다. 하지만 『민족21』이 2004년 펴낸 『북녘 사람들은 어떻게 살고 있을까』라는 책을 읽은 탈북자는 "다 예전 이야기이고 북한이 선전하는 내용을 그대로 실었다."고 말한다.

평양에서 차로 한 시간 정도 떨어진 지방에 참관을 가던 날의 대화다.

(저자 중 한 명) "북에 처음 와서 아침부터 저녁까지 (김정일) 장군님을 거론하는 걸 듣는 것은 사실 힘든 경험이다. 나는 운동권으로 살아왔는데 그것은 권력에 대한 비판과 저항운동의 일환이었다. 비록 김대중 정부가 들어섰지만 양심적 지식인들은 끝까지 비판적 거리를 유지해야 한다고 본다. 그런 이유는 우리는 사람들 앞에서 대통령을 칭송하는 사람들을 권력에 편승해 한몫 잡으려는 부류로 치부한다."

(북한 사람) "바로 그 점이 다르다. 우리는 장군님을 대통령으로 생각하지 않는다. 그는 우리의 사상적 지도자다. 현재 장군님이 주석이라는 행정직을 가지고 있지 않지만 모두들 존경하고 정신적 지주로 받들어 모시는 것은 그 때문이다. 호메이니는 대통령이 아니었지만 명실상부한 이란의 지도자가 아니었나. 독재니 권력세습이니 하는데 그것은 다 우리 장군님을 대통령으로 보기 때문이다."

"그렇다면 바로 당신에게 그분은 어떤 사상적 지도를 주었는가. 당신의 체험 속에서 얘기해달라."

"고난의 행군 시기 동안 우리 체제는 정말 어려웠다. 태어나서 그런 고생은 처음 해봤다. 수령님은 돌아가셨고 홍수가 나서 먹을 것은 없었다. 미제는 우리를 치겠다고 하고 우방들은 모두 등을 돌리고 인민들은 울고만 있었다. 모두들 우리를 보고 붕괴한다고 했다. 이런 절체절명의 상황에서 장군님께서 앞장서서 나가셨다. 일심단결하고 국력을 키우면 반드시 이긴다고 하셨다. 사실 나 같은 사람도 걱정했었다. 하지만 이제는 걱정 안한다. 장군님께서 제시하신 것 말고 어떤 방법이 있었겠나. 지구상의 어느 곳에서도, 누구도 못한 일이다. 장군님은 남이 보지 못하는 것을 보는 뛰어난 분이다. (중략)

"평양에서 하루 두 끼를 먹는데 저런 집에서는 어땠겠는가. 그 시기 우리 장군님께서 현지지도 중에 저런 집에 들러 밥솥 뚜껑을 열어보려 하시면 인민들이 열지 못하게 했다. 열면 강냉이죽밖에 더 있겠는가. 어느 자식이 부모 걱정시키려 하겠는가. 장군님도 1998년 중소형 발전소 처음 건설할 때 쥐기밥(주먹밥) 드시고 쪽잠 주무시고 물 퍼내가면서 자강도까지 세 번이나 현지지도 가셨다. 그 결과 1999년 전력 생산이 두 배로 늘었다."

—『북녘 사람들은 어떻게 살고 있을까』 중에서

김정일이 초밥을 좋아해서 비싼 돈을 들여 수년 간 전용 일본인 요리사를 고용한 이야기는 너무도 유명하다. 당시 요리사였던 후지모토 겐지 씨는 김정일이 좋아하는 요리의 재료를 사기 위해 동남아는 물론 유럽도 수차례 다녀왔다. 또한 김정일은 한 병에 650달러짜리 헤네시 코냑에 푹 빠진 고객이었다는 말도 있다.

보고 싶은 것만 보는 종북주의자

우리는 진보적인 입장에서 한국사회의 문제점을 합리적으로 제기하는 사람들을 빨갱이로 취급하는 오류를 많이 목격했다. 시대가 시대이니 만큼 여기에 대한 시정이 많이 필요하다. 그러나 그것 못지않은, 아니 더 큰 실수를 종북주의자들은 하고 있다. 그들은 김정일에 이은 김정은 독재정권에 대한 비판 등을 막아야 한다는 의도를 갖고 있다. 그리고 공산주의에 대한 적개심을 고취하고 반북여론을 확대 재생산했던 예전의 매카시즘(McCarthyism)적 반공주의와 북한 인민의 인권을 지키기 위해 북한 독재 체제의 문제를 비판하는 것을 동일시한다.

종북주의자들이 북한의 실상을 제대로 보지 못하는 이유이다. 조금만 생각을 바꾸고 발품을 팔아 탈북자들을 만나 물어보면 되는데, 그것을 시도하지 않는다.

2010년 탈북자 수가 2만 명을 돌파한 지 5년도 안 되어 2015년 현재 탈북자 3만 명의 시대를 앞두고 있다. 남녀노소 가리지 않고 생존을 위해, 자신의 꿈을 위해 북한을 탈출하여 한국으로 오는 것이다. 이들은 중국과 국경이 맞닿은 평안북도와 함경북도 양강도, 자강도 출신 이외에도 황해도와 강원도는 물론 혁명의 고향이라고 자랑하는 평양시 출신도 상당히 많다. 그리고 다양한 직업과 배경을 가진 사람들을 통해 상당량의 북한 정보도 얻게 되었다.

물론 동일 지역이나 같은 배경을 갖는 사람도 여러 명이기 때문에 정보에 대한 교차 확인도 가능해져 정확도 역시 높아졌다. 또한 많은 탈북자들이 지금도 중국 전화 등을 이용해 북한의 가족, 친지들과 연락을 하고 있어 북한 내부의 새로운 정보도 유입되고 있다. 북한 정권이 장악하고 있는 관영매체 이외에도 정보를 얻을 수 있는 방법이 생긴 것이다.

그러나 1980년대에 독재정권에 대한 반발로 북한을 좋게 생각하기 시작한 종북주의자들은 30년이 가까이 지나도록 변화하지 않았다. 경제는 미국의 압살정책으로 어렵지만 그러한 위기 속에서도 오류를 범하지 않는 수령의 영도를 전 인민이 잘 따르고 있다고 생각하고 있다. 사람이 변하듯이 국가도 변화할 수 있다는 것을 외면하는 것이다. 그리고 최근 북한의 경제사정이 좋아지는 것은 김정은 정권의 정책 때문이 아닌, 북한 주민들이 스스로 살아남고자 발버둥친 결과라는 것을 인정하지 않을 것이다.

신은미와 해외 종북주의자들

2014년 종북 콘서트 논란으로 한국에서 강제 추방된 신은미가 2015년 6월부터 7일간 일본 도쿄와 요코하마 등에서 재일동포를 대상으로 토크 콘서트를 진행한다는 언론의 보도가 있었다. 이번 행사에 대해 신 씨는 재일본대한민국과 조총련 모두의 주선이라고 소개했지만 사실 확인 결과 한국 정부로부터 매년 80억 원의 지원을 받는 재일본대한민국민단은 사실이 아니라는 입장이었다.

그녀의 거짓말은 한두 번이 아니었다. 그녀는 『재미교포 아줌마, 북한에 가다』라는 책을 통해 북한 여행에서 만난 동포들을 이야기한 것뿐이라고 지금도 강변하고 있다.

북한의 대동강 맥주가 맛있다는 둥, 강물이 깨끗하다는 둥의 이야기를 통해 단순히 여행기라는 식으로 말을 돌리려 하지만, 북한에 비정규직이 없다는 말도 안 되는 주장을 하거나 정작 북한의 3대 세습에 대한 질문에 대해서는 "여행자로 가서 동포들의 얘기를 하는 것일 뿐 다른 것에 대해서는 드릴 말씀이 없다."며 언급을 피했다. 아마도 마음속에서 '대를 이어 혁명을 완수해 나가기 위해서는 대를 이어 후계자가 나와야 한다.'는 생각을 할지도 모른다. 이것이 북한의 후계자론이기 때문이다.

신은미가 미국으로 추방되었을 당시 환대했던 사람들 중 윤 모 씨를 비롯해 60여 명이 돈을 모아 2015년 3월 『뉴욕타임스』에 '오바마 대통령에게 보내는 공개편지'를 전면광고로 내보낸 일도 있다. '진보적 한국계 미국인들'이라고 자신들을 소개한 이들은 미국이 쿠바와 외교관계를 정상화한 것처럼 북한과도 평화협정을 체결해야 한다고 주장하며, 북한은 폐쇄된 나라라기보다는 미국에 의해 강제로 닫힌 나라로 봐야 한다고 강조했다. 특히 북한은 국민들이 무조건 존경하는 단일 지도자가 이끌어가는 나라라고 강조하며, 북한의 자존심을 지키기 위해 한미 합동훈련을 축소하거나 폐지해야 한다고 주장했다.

이외에도 미국으로 추방당한 후 신은미가 만났던 사람들 중 대한청년평화사절단 단원들이 있다. 이들은 미국을 방문한 2015년 3월

20일 뉴욕에서 '대북전단 살포반대' '사드 한반도 배치 반대'를 외쳤다고 한다. 이들의 활동은 국내 언론에 거의 보도되지 않았지만 3월 25일 『뉴욕 한국일보』 신용일 기자의 칼럼을 통해 자세히 드러났다. 그의 칼럼은 다음과 같았다.

지난 주 한국에서 자칭 '평화사절단'이라는 청년들이 뉴욕에 도착했다. 그들은 한국에 정착한 탈북자가 풍선을 띄워 북한에 보내고 있는 대북전단이 한반도 평화에 위협이 되고 있다는 내용의 피켓을 들고 반기문 유엔 사무총장을 만나겠다며 유엔본부 출입을 시도했다가 유엔경찰에 의해 현장 체포 경고를 받고 저지당했다.

당시 반 총장은 유엔본부에 없었을 뿐더러 세계 각국 대표들이 모여 있는 유엔본부 내에서는 그 어떠한 내용의 시위도 불허한다는 기본 상식조차 무시한 억지였다. 그러고서는 한국에 "미국에 표현의 자유가 있다구요? 자유는 개뿔!"이라며 마치 무슨 '평화운동'을 하는 도중 인권침해를 당했다는 듯 현장 사태를 보고했다.

국제사회가 유엔 총회와 안보리 결의들을 통해 한목소리로 규탄하고 있는 북한 체제를 '평화'라는 이름으로 두둔하고 다른 사람의 표현의 자유를 막겠다고 멀리 미국까지 와서 시위를 벌이고 있는 사람들을 어떻게 평가해야 하나?

국제사회에서 무시받고 있는 북한의 선전·선동이 유독 한국에서는 왜 성공하는지 이해할 수 있는 단편에 불과하다.

　　　—『뉴데일리』2015년 3월 28일자,「대북전단 반대 평화사절단,

　　　　　　　　　　　　신은미·노길남 왜 만나?」중에서

신은미가 미국으로 강제출국당한 1월 10일 미국 로스앤젤레스에 그를 마중 나온 교회 지인들과 진보단체 회원 20여 명은 함께 입국장을 빠져 나가려 했으나 보수단체 회원 20여 명이 욕설과 함께 "종북분자는 북한으로 가라."며 신은미를 막았다는 기사가 있다. 당시 기사내용 중 'LA공항 진보·보수의 충돌'이라는 부분은 틀렸다. 신은미를 비롯한 그들에게 진보라는 이름은 아깝다.

4부

왜 종북주의가
문제인가

수령절대주의로
왜곡된 주체사상

종북주의자들의 다른 이름은 주체사상파(주사파)이다. 김일성에 의해 창시되어 김일성주의라고도 불리는 주체사상을 신봉한다는 뜻이다. 그러나 앞서 설명했듯이 주체사상은 결국 수령의 독재 체제를 정당화하기 위한 이데올로기로 전락하고 말았다. 이 사상이라 부를 수 없는 것을 한국의 1980년대 대학생들은 그대로 가져다 썼다. 황장엽이 만든 인간 중심 철학에 마르크스의 계급투쟁론 및 프롤레타리아 독재론, 민족주의와 수령론 등을 적절히 배합하여 만든 통치 이데올로기를 말이다.

주사파들은 주체사상이 마르크스주의를 한반도의 현실에 맞게 토착화하였을 뿐만 아니라 이를 뛰어넘는 독창적인 사상이라는 북한의 선전을 그대로 믿었다. 이는 일제 식민지 시대에 대한 아픈 기억이나 한국 독재정권이 강조하였던 민족주의의 영향도 한몫하였다. 주체사상은 우리 민족의 사상이라는 선전도 영향을 미친 것이다.

1980년대 운동권의 주도적인 세력으로 성장한 주사파는 '주사파의 대부'라 불리는 서울대 운동권 김영환을 원조로 시작된다. 김영환 등 서울대 출신 82~83학번들은 북한 라디오 방송 등을 통해 북한의 주체사상과 대남혁명이론 등을 학습하며 북한의 영향을 받기에 이른다. 그리고 「강철서신」 등의 문건을 만들어 한국이 미국의 식민지이며 반미투쟁을 강력하게 해야 한다는, 당시로서는 파격적인 주장을 시작했다. 이들의 단체인 '구국학생연맹(구학련)'의 제1강령은 "미제(미제국주의)의 신식민지-파쇼 체제를 분쇄하고 민족의 자주적 독립국가를 건설하기 위하여 투쟁한다."였다. 이들의 혁명론이 민족해방 민중민주주의혁명론(NLPDR)이기 때문에 NL로 불렸다.

1986년부터는 서울대 외 고려대 등 다른 대학에도 '반미청년회' 등 NL계열 지하학생조직이 건설되었으며, 1987년에는 주요 대학에서 대중조직인 총학생회를 장악하며 학생운동의 주류로 떠오른다. 특히 386운동권의 대표적 대중조직인 '전국대학생대표자협의회(전대협)'이 NL계열 총학생회의 주도로 만들어지고 이들이 1987년 6월 항쟁을 주도하며 조직적으로나 대중적으로나 학생운동 주류의 위치를 갖게 된다. 물론 최근 들어 '전대협'의 뒤를 이은 '한총련' '21C한국대학생연합(한대련)' 등의 세가 약해지기는 하였지만 아직도 대학가에서 이들의 영향력을 무시할 수는 없다.

주사파 활동가들은 대학 졸업 후에도 노동운동 단체와 농민운동 단체로 침투하여 사회운동 영역에서 큰 역할을 갖기 시작했다. 전국민주노동조합총연맹(민주노총) 등이 주도적으로 만든 민주노동당과 그 이후 만들어진 통합진보당에서 이들이 주도적인 역할을 했던 이유가 이해되는 부분이다.

주사파의 북한에 대한 잘못된 인식 사례는 다음과 같다. 첫째, 친일파와 이승만 독재가 힘을 합쳐 시작부터 잘못된 한국과는 달리 건국의 정통성이 있다. 둘째, 광범위한 인민의 지지를 받고 인민을 위해 통치하는 친인민적 정권이다. 셋째, 북한은 사회주의 계획경제를 모범적으로 운영하는 사회주의 체제다. 물론 북한의 실상이 전해지면서 이것들이 잘못된 인식이라는 것이 드러났다. 하지만 주사파는 아직도 변화하려 하지 않는다.

어떻게 해서 당시 최고의 엘리트라고 할 수 있는 명문대학의 학생들이 북한에 대한 환상을 품게 되었는지 의문을 가질 것이다. 몇 가지 예를 보면 당시 상황을 이해할 수 있다. 2011년 임기 4년 차에 접어들었던 이명박 정권의 지지율이 급락하였다. 여기에 인터넷 팟캐

스트인 「나는 꼼수다」 등의 영향력이 커지면서 떨어지는 지지율에 부채질을 했다. 한국이 1980년대 독재정권과는 질적으로 다르게 민주주의가 발전하였음에도 일부는 때로는 듣기 거북할 정도의 표현을 써가며 이명박 정권에 대해 노골적인 반대 입장을 내세운다. 그리고 그러한 비난이 젊은 층을 중심으로 호응을 얻고 있는 형국이다.

그런데 이들이 하는 주장 중 상당수는 사실에 근거하지 않은 것이다. 이러한 것들이 진실인 것처럼 포장되어 사람들을 현혹시킨다. 1980년대에도 그랬다. 학생들은 1980년 광주민주화항쟁을 무참히 짓밟은 전두환 정권에 대한 분노했다. 그리고 '적의 적은 우리 편'이라는 생각에 북한의 선전을 믿기 시작했다.

물론 1980년대 학생운동권과는 달리 최근 야당 지지자들의 정권에 대한 반대가 곧 대한민국에 대한 부정이 아니기 때문에 상호 토론이나 설득이 가능하다. 아예 말도 안 되는 내용들은 언론이나 여론을 통해 걸러지고 있다. 이명박 정권을 좋아하지 않는 국민들 대부분이 김정일 정권에 대해서도 비판적이고 현 박근혜 정권을 좋아하지 않는 국민들 역시 김정은 정권의 폭압성에 몸서리를 치고 있다. 예전과는 달리 북한의 실상이 많이 알려졌기 때문이다.

하지만 주사파가 등장한 1980년대는 전혀 그렇지 않았다. 그래서 문제가 커진 것이다.

당시 주사파들은 간첩이나 귀순용사들에 의해 간간이 밝혀지던 북한의 부정적인 모습들은 한국 독재정권들의 거짓선전이라고 생각했다. 당시 운동권이었던 최홍재의 책에도 이러한 내용이 잘 나와 있다.

주사파들은 북한 정권의 선전을 더 믿고, 해외의 친북인사들이 미화시킨 북한 방문기에 큰 감동을 받는 식이었다. 특히 독일의 유명 여류 작가인 루이제 린저의 방북기는 주사파들이 북한에 환상을 갖는 데 영향을 미쳤다. 한편 북한에서 제작된 소설들이 주사파에게 미치는 영향도 적지 않았다. 상이군인에게 서로 시집을 가려고 하는 북한 처녀의 이야기나, 오직 인민을 위해 모든 것을 바치는 사람들의 이야기는 주사파들에게 북한사회가 인정이 넘치는 이상사회라는 환상을 주었다.

예컨대 북한에서 무상의료와 무상교육을 제공하고 세금이 없다는 식으로 선전하면 그 구체적인 내용에 대해 비판적으로 추리해 보려는 생각은 하지 않고 남한보다 우월하다는 결론을 쉽게 내리곤 했다. 병원·시설·약품 등 모든 것이 형편없이 부족한 상황에서 무상의료라는 것은 허구에 불과하다는 매우 상식적인 사고를 하지 못한 것이다. 이런 사고의 마비현상은 사회주의가 우월하다는 이념의 도그마에 빠진 결과이다. 특히 남한사회에 대해 원천적으로 부정하는 정서의 반발이라는 측면도 무시할 수 없었다.

—최홍재,『386의 꿈, 그 성찰의 이유』중에서

종북주의의 위험성

종북주의자들은 1980년대에 북한이 유엔 동시 가입에 반대할 때는 '유엔 동시 가입은 영구분단 음모'라며 반대를 외치다가 1991년 북한이 유엔 동시 가입에 찬성한 후에는 자신들의 반대주장을 철회했다. 또한 반전반핵을 외치며 한반도에서 모든 핵무기의 철폐를 주장했지만, 2006년 10월 북한이 핵실험을 했을 때는 아무런 비판도 가하지 않았다. 오히려 북한의 핵은 자위수단이라는 북한의 주장을 그대로 가져와 옹호하였다. 지금도 마찬가지이다. 다음 사례들 역시 비슷한 메커니즘을 가지고 있다. 종북주의자들의 행동과 그 위험성에 대해서 충분히 알 수 있는 사건이다.

KAL기 폭파사건

지금은 잠시 조용하지만 종북주의자들이 북한의 만행을 한국 정부의 조작이라고 주장했던 대표적 사건이 바로 1987년 12월 17일 일어난 KAL기 폭파사건이다. KAL기 폭파사건은 이라크 바그다드에서 출발한 대한항공 858기가 인도양 상공에서 폭파된 사건이다. 115명의 피해자들은 중동 건설현장 노동자들이 대부분이었다. 이 사건은 88올림픽 방해공작을 위해 김정일이 지시한 것으로 판명됐다.

종북주의자들은 잊을 만하면 KAL기 사건이 조작되었다고 강변해 왔다. 그리고 일부 사람들은 그들의 주장을 믿게 되었다. 물론 새롭게 제시된 증거는 없다. 다만 사건 당시는 전두환 독재정권 시절이고 국민들의 안보 경각심을 일으켜 대선에서 승리하기 위한 음모였다는 식이다. 결국 거짓말이 양심적인 목소리인 것처럼 바뀌고 주요 방송사들마저 2004년 무렵에는 경쟁적으로 이 사건의 의혹을 증폭시키는 데 영향을 미쳤다. 물론 방송내용들 역시 결정적인 증거는 없었고 의혹만 더 부풀리는 식이었다. 주범인 김현희가 2011년과 2012년에 직접 나서 자신이 북한에서 파견되어 비행기를 폭파시킨 테러범이라고 증언했지만, 가장 중요한 그녀의 자백은 정작 그들의 판단 근거에서 순위가 뒤로 밀려 거의 언급조차 되지 않았다.

김현희를 대선 전날에 바레인에서 서울로 데려온 것은 비판받아 마땅하다. 이것은 당시 정치권의 꼼수가 분명하다. 그러나 이러한 꼼수에 대한 비판과 누가 범인인지를 확인하는 문제는 전혀 다르게 접근해야 하는 사안이다.

김현희가 북한공작원이라는 사실은 김정일이 입증해 주었다 해도 과언이 아니다. 김현희는 마유미라는 일본인으로 위장할 정도로 일본어를 자유자재로 쓸 수 있었다. 그녀는 북한에 의해 납치당한 이은혜(다구치 야에코) 씨 등과 합숙하면서 일본어를 집중적으로 배웠다. 일본 경찰은 김현희를 만나 자국 국민인 다구치 야에코가 이은혜라는 인물과 동일인임을 확인했다.

북한 당국은 납치문제는 처음부터 존재하지도 않는다는 입장을 보였지만, 2002년 고이즈미 전 일본 총리의 방북 당시 김정일이 인정한 일본인 납치 피해자 명단에 다구치 야에코가 포함됐다. 이때 김정일은 납치사건이 북한 당국에 의해 이루어졌다는 것을 밝혔다. 총 14명의 납치 피해자의 생사 여부가 드러나는 순간이었다. 북한 당국은 입을 닫고 일본 정부는 사태를 파악하지 못한 시기에도 김현희는 제일 먼저 수기 등을 통해 이은혜의 존재를 알렸다. 그녀가 실제로 공작 교육과정에서 이은혜를 만나지 못했더라면 불가능했을 일이다.

김현희가 북한에서 태어나 자란 사람이라는 증거는 이밖에도 여러 가지가 있다. 1972년 11월 제2차 남북조절위원회 남측 대표들의 평양방문 환영행사에 어린 김현희가 화동으로 참가했던 사진이 발견된 것도 그중 하나이다. 물론 일본 기자가 사진의 다른 사람과 김현희를 착각하는 해프닝으로 북한 당국과 조작을 주장하는 종북주의자들이 문제를 제기하기도 했다. 그러나 당시 행사의 사진을 찍었던 요미우리 신문사의 미치이시 히데아키 기자가 김현희의 얼굴이 제대로 나온 사진을 발견했다. 그러나 사건의 조작을 주장하는 사람들은 두 번째 사진에 대한 언급은 거의 하지 않아 일반인들은 실수임이 드러난 첫 번째 사건에 대해서만 알고 있다.

이외에도 당시 일본 여권을 소지했던 김현희를 검거하는 과정에서 가장 큰 공을 세웠던 바레인 주재 일본대사관의 스나가와 쇼준의 증언도 있다. 스나가와 쇼준은 사망한 김승일과 김현희가 청산가리 캡슐을 깨물고 음독자살을 시도하는 것을 직접 목격하였다. 그는 김승일이 캡슐을 깨물어 즉사했으며, 김현희는 감시원이 캡슐을 치는 바람에 조금만 먹었다고 말했다. 한국 정보기관 개입설에 대해서도 "거짓말을 많이 한 역대 독재정권을 불신하는 것은 이해하나 당시 조사경험으로 봐서 이 사건은 100퍼센트 조작이 아니다."라고 밝혔다.

일본 공무원인 그가 한국 언론과 우리 국민에 거짓말을 할 이유가 있을까? 또한 이 사건에는 일본 이외에도 아랍에미리트, 바레인, 타일랜드 등 여러 나라가 개입되어 있어 사건조작 가능성을 떨어뜨린다. 일본은 처음에 이 사건이 자국의 테러조직인 적군파와 관련된 것이라고 판단하고 범인을 잡기 위한 활동을 일찍 시작한 덕에 김현희를 잡을 수 있었다고한다.

북한 외교관이었던 고영환의 증언도 흥미롭다. 그가 처음 테러 소식을 알게 된 것은 88올림픽 저지 공작조의 구성원으로서 아프리카의 여러 나라를 방문하고 소련으로 떠나려던 시기였다. 북한 대표단이 아프리카 모리셔스 공항에 도착한 후 고영환은 모리셔스 경찰로부터 불시 조사를 받았으며, 당시 영국 BBC를 통해 테러 소식을 알게 되었다는 것이다.

우리는 '서울올림픽을 저지시키기 위해 우리를 이렇게 파견했는데 뭐하러 테러를 해?'라고 생각했다. 지금 한참 인심을 얻어도 모자랄 북한이 스스로 국제적으로 큰 곤경에 처하게 될 테러행위를 저지를 리가 없는 것이다. 더구나 남조선의 체육부 장관쯤 탄 비행기라면 몰라도 노동자들이 탄 비행기를 북한이 떨군다는 것은 말도 되지 않았다. 하지만 어쨌든 기분이 좋지 않았다.

소련을 거쳐 평양에 도착한 그 다음날이었다. 사무실에 들어가 보니 전보문이 잔뜩 쌓여 있었다. 각 대사관에서 KAL기 사건에 대한 활동 방향을 문의하는 전보문이었다. 그 내용은 한결같이 "우리가 했다고 하는데 어떻게 대답하면 좋은가?"였다. 그래서 조국통일국과 협의하니 "먼저 전보문을 '남조선 안기부의 조작이라고 내밀되 구체적인 활동 방향은 후에 주겠다'.는 식으로 내보내는 것이 좋겠다."는 것이었다. 그래서 조국통일국의 말대로 각 대사관에 전보문을 보냈다.

—고영환, 『평양 25시』 중에서

고영환의 증언처럼 비밀리에 진행된 테러 사업이기 때문에 북한 관리들도 처음에는 사건의 진실에 대해서 알 수 없었다. 하지만 책의 내용에서 알 수 있듯이 그는 국가보위부 등 상부의 지시를 받아 앙골라 대사관 수산대표부에서 일하는 사람을 소환시키는 전보를 보내야 했다. 그 사람은 김현희의 아버지였다. 이에 대한 고영환의 증언을 살펴보자.

어쨌든 1부 부장과 합의가 됐다고 하니 나는 전보문을 써 줘야 했다. 그러나 나는 그들의 일에 호기심이 생겼다. 뭔가 수상쩍은 냄새가 났던 것이다. 그래서 나는 핑계를 들이밀었다.

"이거 사람 하나 불러 오는 거는 우리 지역국에서 마음대로 못합니다.

적어도 부총리 아니면 1부 부장의 승인이 있어야 되는 겁니다. 이 사람 이거 정상적으로 들어오는 거 아니잖습니까? 그러면 내가 조금이라도 내용을 알아야 잘 움직일 것 아닙니까?"

국가보위부에서 하는 일인데 그것이 비정상적인 일인 줄 내가 모를 리가 없었다.

"이거 국가비밀이라 말해줄 수 없는 거인데, 하여간 대단히 국가적으로 중요한 일입네다." 그 순간 내 머릿속으로 모리셔스 공항에서 봉변 당했던 사건이 스쳐 지나가고, 나는 은근한 목소리로 물었다.

"이건 KAL기 사건하고 관련된 일 아닙니까?"

"쉿."

그들은 내 말이 떨어지자마자 입을 막으며 주위를 둘러보았다. 조심하는 태도가 뚜렷하였다. 부국장이 목소리를 잔뜩 낮춰 속삭였다.

"맞아요, KAL기하고 관련이 있습네다."

나는 그때 마유미가 김현희라는 사실을 처음으로 알게 되었다. 그리고 나는 앙골라 대사 앞으로 보내는 친전 전보를 쓰기 시작했다.

　　　　　　　　　　　　　　　　　—고영환, 『평양 25시』 중에서

지금은 생각이 바뀐 것으로 알려진 전 386운동권 출신 인사의 흥미로운 인터뷰도 있다. 『월간조선』 2004년 1월호의 「추적,

MBC·SBS 등 방송들은 왜 갑자기 '김정일도 인정한 KAL 858기 폭파사건의 조작의혹'을 다루는가?」의 기사가 그것이다. 기사에는 KAL기 폭파사건 당시 지하조직 단체인 반미청년회 의장을 맡았던 조 모 씨의 이야기가 나온다. 그는 조작 의혹설의 진원지가 반미청년회였음을 고백하며 "아직도 대한항공기 폭파사건이 조작됐다고 믿는 사람이 있냐?"며 허탈하게 웃었다고 한다. 북한의 당연한 책임 회피와 이에 동조한 한 운동권 조직의 거짓말이 온 나라를 시끄럽게 만든 사건이었다.

왕재산 간첩단 사건과 민혁당 간첩사건

2011년 12월 15일 서울중앙지검 공안 1부는 간첩단 '왕재산' 조직원 등 수십 명에게 북한사상을 가르치고 반미 교육자료 등 이적 표현물을 배포한 혐의(국가보안법) 등으로 왕재산 사상교육책 이 모 씨를 구속했다. 같은 해 7월 총책 김 모 씨 등 핵심 조직원 5명을 구속한 이후 처음이기 때문에 향후 수사가 어떻게 진행될지 궁금함을 던져주었다. 북한 내각 산하 225국의 지령을 받은 국내 반(反)정부인사들이 일종의 '지하당'을 만들어 이명박 정권을 전복하려 한다는 것이 사건 개요다.

이씨는 2006년쯤 왕재산 인천지역책인 임 모(46·구속 기소) 씨에게 포섭돼 '왕재산'에 가입했으며, 조국통일범민족연합(범민련) 남측본부 대외협력팀장과 6·15 공동선언 인천본부 집행위원장을 지냈다. 이 씨는 "검찰이 증거물을 조작했다."고 주장한 것으로 알려졌다. 또한 그가 구속되자마자 '국가보안법폐지국민연대' '국가보안법긴급대응모임' '범민련탄압대응 시민사회공동대책위원회' 등이 나섰다.

"이것은 공안당국이 120여 명이 넘는 사람을 끌어다 무리하게 조사를 했지만 아무것도 나오는 것이 없게 되자 범민련 남측본부를 끌어들여 자신들의 공안의도와 조작음모를 덮고 이번 사건의 정당성을 얻어보자는 속셈이다. 또한 소위 '왕재산' 조작사건을 통해 남북의 화해와 단합, 조국통일을 위해 활동하고 있는 범민련 남측본부 3자연대 운동을 또다시 탄압·말살하려는 공안당국의 의도를 드러낸 것이다."라는 식으로 조작 가능성을 제기한 것이다.

물론 이러한 조작 주장은 '왕재산' 사건이 처음 터졌을 때에도 나왔다. 사건의 변호인단들 역시 이 사건이 '민주노동당과 진보신당 등의 통합을 견제하기 위해 나온 기획수사'라고 주장하며 물타기를 시도하였다. 또한 구속된 사람들이 회사 동료나 학교 선후배로 잘 알고 지내던 사이인 점을 들어 "잘해야 활동가들의 서클 정도에 불과한 것을 국정원이 의도적으로 뻥튀기한 것 아니냐."는 의혹을 제기하기도 하였다. 참고로 '왕재산'이라는 말은 함경북도 온성군에 있는 '왕재산 혁명사적기념비'에서 차용되었다. 일제시대인 1933년 항일 무장투쟁을 이끌던 김일성이 부하들을 소집해 향후 투쟁 방침을 의논한 장소이기 때문에 북한의 대표적 혁명 사적이 된 곳이다.

이러한 간첩단이나 조직사건이 터질 때마다 종북주의자들은 여러 가지 말도 안 되는 논리들을 내세워 조작으로 치부해 버린다. "진보적이고 애국적인 활동가들을 보수 정치인과 그들의 충견인 검·경찰이 탄압한다."는 식이다. 이들의 억지는 관련자 수십 명이 자수하고 사실임이 드러난 사건에서도 계속된다. 남로당 이후 최대의 종북주의 지하당으로 지난 1999년 밝혀진 '민족민주혁명당(민혁당)' 사건이 그것이다. 앞에서 언급하였던 김영환이나 하영옥 등이 주도한 민혁당은 그 전신인 '반제청년동맹' 이래 10여 년 이상 노출되지 않은 채 활동하였다. 원래는 하영옥이 반제청년동맹을 먼저 만들어 활동했으나 1989년 김영환이 감옥에서 출소하면서 조직에 합류하고 총책이 된다. "주체사상을 지도사상으로 한다." 등이 민혁당의 강령이었다. 그리고 김영환이 1991년 강화도에서 몰래 북한의 잠수정을 타고 약 17일간 북한에 다녀오면서 민혁당이 만들어진 것이다. 다음은 그의 방문에 관한 내용이 잘 요약되어 있는 『82들의 혁명놀음』의 일부분이다. 한국의 운동권과 김일성이 만나는 과정과 내용이 잘 묘사되어 있어 소개한다.

북한 방문은 윤택림(남파간첩)과 정한 날에 약속한 대로 했다. 강화도 야산에 숨어 있다가 밤이 되자 연락원이 왔다. 먼저 저쪽에서 손뼉을 치자 손뼉으로 응답했다. 그러자 "철수 형님 안녕하십니까?" 하는 암호가 이어지고 북한에서 온 연락원을 만날 수 있었다. 그는 김영환에게 가슴까지 올라오는 고무바지를 주었다. 이 옷을 입고 갯벌을 지나 잠수정으로 옮겨 탔다.

잠수정이 절벽 사이트를 지나야 하는데 멀리서 보니까 양 절벽에서 경비를 선 국군의 서치라이트가 쉬지 않고 물 위를 비추는 게 보였다. 저길 어떻게 빠져 나가나 하고 걱정했는데 잠수정의 북한 요원들은 걱정조차 하지 않았다. 한두 차례 침투한 사람들이 아니었다. 잠수정을 타고 4시간 만에 해주에 도착했다. 당시 대남공작을 담당하는 사회문화부 부부장이 마중 나왔다. (중략)

김영환은 북한에 17일 있었다. 주체사상을 연구하는 학자들과의 토론 두 차례, 남북회담 대표로도 왔던 조평통 부위원장 겸 통일전선 부위원장인 안병수와의 통일문제 토론, 김일성대학 및 만경대혁명학원 방문과 토론 등이 주 일정이었다. 혁명열사릉도 가봤고 옥류관에서 식사도 했다. 놀라운 것은 북한관리들이 김일성과의 만남을 주선했다는 것이었다. 김영환은 주체사상을 연구하는 학자들과의 토론에서 크게 실망했다. 우선 토론이 이루어지지 않았다. 그곳 학자들이 자유롭게 이야기하지 못했다. 김영환이 어떤 질문을 해도 반응이 전혀 없었다. 토론할 의지나 자유가 전혀 없었다.(중략)

김일성은 김영환이 쓴 강철 시리즈에 대해 "다 읽어 봤다. 잘 썼다."고 평했다. "남조선 혁명을 위해 필요한 것이 무엇인가?"라고 김일성이 묻자 김영환은 "광범위한 대중의 의식화가 필요하다."고 답했다. 김일성은 이에 주체사상으로 의식화해야 한다고 했다.

김일성은 주체사상을 민족주의와 마르크스주의를 결합한 관점에서 설명했다. 김일성은 프롤레타리아 독재는 공산당 독재이고 이는 다시 수령의 가르침과 결합돼야 한다는 식으로 주체사상을 설명했다. 김영환에게 이 같은 설명은 주체사상이 아니라 스탈린주의에 충실한 것으로 이해됐다. 주체사상을 마르크스주의를 대체할 만한 이념으로 여기던 김영환에게는 충격적인 과거로의 회귀였다. 그래서 김영환은 주체사상은 그게 아니라고 따지고 들어갈까 하다가 분위기가 아니어서 따지지는 못했다.

김일성에게 주체사상은 남한 혁명을 위한 최대의 무기였다. "남조선 인민들이 투쟁에 나서지 않는 것은 남조선이 미국의 식민지라는 사실을 모르기 때문이다. 남조선이 미국의 식민지라는 사실을 인식하는 것이 중요하다. 남조선이 미국의 식민지라는 사실을 폭로하는 운동을 전개해야 한다. 무엇보다도 사상이 중요하다. 남조선 인민들 1,000명만 주체사상으로 무장시키면 남조선 혁명은 이룩한 것이나 다름없다."

—우태영, 『82들의 혁명놀음』 중에서

민혁당 사건은 많은 사람들에게 그 진위 여부와 발생 원인 등에 대한 의문이 들게 하는 사건이다. 그러나 민혁당에 관련된 인물들을 만나면 민혁당이 실제로 존재하였다는 것을 믿을 수밖에 없었다.

아이러니하게도 김일성을 만나기 위해 북한에 다녀온 김영환은 북한의 실상을 알게 되면서 1997년 민혁당을 해체하고 더 이상 활동을 하지 않게 된다. 북한은 상급자가 하급자를 고압적으로 대하는 관료주의가 심하고 주체사상에서 가장 중요한 요소 중의 하나인 창의성이 발휘되지 않는 사회라고 봤기 때문이다. 이는 사회 전체가 활발하지 못한 데 기인한 것이었다.

- 강령:

1) 민족민주혁명당은 인간 중심의 주체사상을 지도사상으로 한다.

2) 우리는 당면하여 민족자주권을 쟁취하고 민주주의를 실현한다.

3) 우리는 궁극적으로 사람들 사이에 사랑이 넘쳐나는 완전히 자주화
   된 사회를 건설한다.

- 혁명의 성격: 민족해방민중민주주의 혁명(NLPDR)

- 지도 이념: 김일성 주체사상

- 투쟁노선: 반미자주화, 반파쇼민주화, 민족해방통일

—민혁당의 강령, 지도이념, 기본노선

김영환의 생각에 반대한 하영옥은 계속 활동을 하며 북한에서 온 또 다른 간첩 진운방과 접선을 하였고 진운방이 탄 잠수정이 1998년 12월 17일 남해안에서 우리 해군의 공격을 받고 침몰하면서 사건의 전모가 드러나게 되었다. 결국 하영옥 등은 1999년 국가보안법 위반으로 구속되어 8년형을 선고받아 감옥에서 살다가 노무현 정부 때인 2003년 사면되었다. 구속되어 국정원의 조사를 받을 당시에 하영옥은 "국정원에서 수사를 받던 지난 8월 24일 점심식사 후 담당수사관이 준 드링크제를 마신 후 약 6시간이 지나 머리가 몽롱해지고 무언가에 홀린 듯 들뜬 상태가 이틀간 계속돼 수사관들이 원하는 대로 진술했다."는 주장을 하기도 했다.

민혁당의 조직원은 여성 10여 명을 포함해 약 100명이었다. 교사, 약사 등이 있었고 무도관이나 학원 등을 운영한 사람도 있었다. 또한 민혁당에서 직접 관리하는 지하혁명조직만 17개 조직에 400여 명의 조직원이 있었는데, 웬만큼 오래 또 열심히 운동을 했던 사람이 아니면 정식 민혁당 조직원으로 받지도 않았다. 민혁당의 규모가 굉장히 컸음을 알 수 있는 부분이다. 그래서 일부에서는 이번에 잡힌 '왕재산'보다 조직적으로 양적인 면이나 질적인 면에서 더 탄탄했던 민혁당의 잔존세력들, 즉 하영옥을 추종했던 소위 '민혁당 재건세력'이 더 위험할 수 있다고 지적한다. 이들은 하영옥이 구속되면서 지하로 숨어 들어갔는데, 민주노동당도 그 대상일 것으로 예상되었었다. 그리고 실제로 이석기의 지휘를 받은 경기동부연합 세력을 위시하여 통합진보당이 그 활동을 이어갔다.

영남위원회 사건

영남위원회는 1992년 3월 16일 반제청년동맹을 토대로 하여 결성되었다. 총책 아래 중앙위원회, 지역위원회(울산, 부산 지역)을 구성하였고 각 지역위원회마다 통일전선사업부, 지역사업부, 노동사업부,

여성사업부, 문화사업부를 구성하였다. 경기지역을 거점으로 한 민혁당은 1999년, 경남지역을 거점으로 한 영남위원회는 1998년에 각각 적발되어 영남위원회는 반국가단체가 아닌 이적단체라고 생각됐지만 민혁당 수사 결과, 영남위원회는 민혁당의 지역별 조직 중 하나로 확인되었다.

영남위원회의 주요 관련자들은 민주노동당과 통합진보당의 중추세력들로 이석기 등 민혁당의 구성원 대다수가 민주노동당을 거쳐 통합진보당의 주요 당직 및 유관 기관을 장악하거나 하였던 자들로 밝혀졌다. 이후 민혁당, 영남위원회 등 지하조직이 해산되면서 그 잔존세력들은 대중조직인 전국연합 및 민주노동당, 통합진보당으로 영역을 확대해 활동하였음이 통합진보당의 정당해산 심판청구서에 잘 나와 있다.

마크 리퍼트 주한 미국대사 피습사건

2015년 3월 5일 마크 리퍼트 주한 미국대사가 괴한이 휘두른 흉기에 의해 피습되어 자칫 목숨을 잃을 뻔한 초유의 사건이 발생했다. 범인은 '우리마당'이라는 문화운동 단체의 대표 김기종이었다. 검찰은 북한의 반미주장을 추종해 온 김기종이 한미연합훈련은 부당하다는 자신의 주장을 알리기 위해 리퍼트 대사를 살해하려 한 것으로 판단했다.

그러나 김기종은 첫 재판에서 "분단 70주년을 맞아 이산가족 상봉을 하기로 돼 있었는데, 이번 한미합동군사훈련 때문에 갑자기 중단됐다."며 "(훈련이) 내일모레 끝나는데, 내 자랑을 하려는 것은 아니고 보람차다고까진 아니겠지만 저 때문에 단 하루 훈련이 중단됨으로써 많은 사람이 다치지 않았다. 그런 부분도 참작해 주셨으면 좋겠다."는 궤변을 펼쳤다. 또한 자신의 행위가 미국이 한반도에서 하는 훈련에 대한 즉흥적·충동적 분노로 현장에서 벌인, '일종의 퍼포먼스'일 뿐 살해 의도는 없었다는 식의 황당한 진술을 이어갔다.

북한은 리퍼트 대사 피습사건 발생 10시간 만에 『조선중앙통신』을 통해 입장을 밝혔다. 「전쟁광 미국에 가해진 응당한 징벌」이라는 제목의 보도에서 "이 사건은 남조선에서 위험천만한 합동군사연습을 벌여 놓고 조선반도 전쟁 위기를 고조시키고 있는 미국을 규탄하는 남녘 민심의 반영이고 항거의 표시"라고 주장한 것이다. 또한 김기종이 "리퍼트에게 불의에 달려들어 남북은 통일돼야 한다, 전쟁을 반대한다고 외치며 그에게 정의의 칼 세례를 안겼다."라는 막말을 했다.

결국 서울지방경찰청은 2014년 4월 27일 "김기종이 '한미연합훈련 반대'라는 정치적 목적을 위해 리퍼트 대사를 공격한 것은 국가보안법상 '이적(利敵) 동조행위'에 해당하고, 김기종의 사무실 겸 자택에서 이적성이 의심되는 문건이 여럿 발견된 것은 국가보안법상 '이적 표현물 소지'로 볼 수 있다고 결론을 내렸다."고 밝혔다.

김기종의 '우리마당'은 피습사건 3일 전인 2015년 3월 2일 『우리마당소식』을 통하여 '전쟁반대평화실현국민행동'의 기자회견에 참석하여 전쟁 연습의 중단을 촉구했다고 전했다. '전쟁반대평화실현국민행동'은 우리마당을 비롯하여 48개의 단체가 연합한 곳이라고한다. 사건 이후 이 소식지에 댓글이 달려 있는데, 대부분이 전쟁 반대를 외치면서 칼을 휘두르는 김기종의 행위를 나라망신이라고 비판하고 있다. 또한 "대표가 저 지경인데, 어떤 놈들이 (우리마당에) 있는 거냐?"며 걱정을 하는 글도 있었다.

북한 핵무기 문제

북한은 소련과 1956년 '원자력의 평화적 이용에 관한 협정'을 체결
하였다. 이 협정에 따라 1963년 평안북도 영변에 2메가와트 용량
의 소형 실험용 원자로를 건설하였고 동시에 300여 명의 핵전문가
들이 소련의 각종 핵 연구소에 파견되어 교육을 받았다. 1950년대
부터 핵에 대한 관심을 갖기 시작했다는 것이다. 돈 오버도퍼의 저
서 『두 개의 한국』에 따르면 미국 첩보위성이 영변에서 원자로로 추
정되는 구조물의 건설 광경을 탐지한 것은 1982년이다. 1984년 6월
에는 원자로, 냉각탑 등임을 확연히 알 수 있을 만큼 공사가 진척되
었는데, 그 구조가 영국과 프랑스에서 핵무기 생산을 위해 건설했던
구식 원자로와 놀라울 만큼 유사하였다고 한다. 이어 1986년 3월에

는 영변의 강가 모래사장에서 고폭약 실험의 흔적들이 발견되었는데, 과거의 위성사진을 다시 판독해 본 결과 이와 같은 실험이 1983년부터 진행되었던 것으로 드러났다. 물론 이것들은 핵무기 생산용으로 북한이 자체 기술로 만들었기 때문에 소련이나 중국도 모르게 비밀리에 건설되었다. 그리고 북한은 결국 2006년과 2009년 두 차례에 걸쳐 핵실험을 하고 "자국이 핵무기를 보유했다."고 주장하기 시작했다.

종북주의자들은 북한 핵개발에 대해서 비판을 가하지 않았다. 오히려 '핵 위기의 원인은 미국의 강경정책 때문이며 북한 핵은 자위용'이라는 북한의 주장을 되풀이할 뿐이다. 1980년대 반핵반전을 외치던 그들이지만, 북한이 하면 모든 것을 이해할 수 있다는 태도이다. 방사능 위험 때문에 한국에서는 원자력 발전소도 폐기하자고 주장하지만, 북한의 핵무기 개발에 대해서는 아무 비판도 가하지 않고 있다. 진보신당 등 진짜 좌파들이 북한의 핵 개발에도 반대를 하며 일관된 모습을 보이는 것과는 달리 이중적인 모습을 보이는 것이다. 북한이 핵을 만드는 이유는 무엇일까? 갖고만 있으면 미국이 공격을 하지 않을 가능성이 크니까? 절대 그렇지 않다. 내가 김정일이나 김정은이라고 해도 이왕 만들어진 핵무기를 어떻게든 유용하게 쓰기 위해서 고민할 것이다. 다음의 글은 여러 사람이 우려하는 북한 핵의 용도를 잘 설명하고 있다.

김일성·김정일 정권 아래 북한에서는 1990년대 초 200~300만 명이 굶어죽었다고 하는데, 자신의 정권을 합리화해야 하지 않겠는가. 그 방법은 큰일을 하나 일으키는 것이다. 기습작전을 해서 한국의 한강 이북을 점령한 다음에 한국 정부에 휴전하자고 제안하면 어떻게 되겠는가. 한국은 빼앗긴 땅을 다시 찾아야지, 휴전할 수가 없는 상황이 아니겠나? 그 경우 북한이 핵무기로 위협하면 한국 내부에서는 휴전하자, 말자 혼란이 발생할 것이다. 또 한반도 유사시에는 미국이 일본의 도움을 받아 한국을 지원할 계획인데, 북한이 일본을 핵폭탄으로 협박할 수 있다. 그렇게 되면 일본은 그렇잖아도 한국을 도울 생각이 없었는데, 북한의 핵 위협을 핑계로 지원하지 않을 가능성이 있다. 이런 용도가 아니라면 나도 북한이 왜 핵무기를 만드는지 이해가 안 된다고 대답했다.

－정몽준, 「나의 도전 나의 열정」 중에서

김대중 정권이 2000년 남북정상회담을 위하여 5억 달러를 김정일에게 준 사건은 잘 알려져 있다. 그런데 이 돈들이 북한 핵무기 개발에 전용되었다는 증언들이 있다. 고농축 우라늄 프로그램용 부품과 재료를 해외에서 구입하는 데 돈을 썼다는 것이다. 결국 한국 정부와 기업이 우리를 위협하는 핵무기를 제조하라고 북한에 돈을 내준 꼴이 되었다. 경제협력과 정상회담을 통한 한반도의 평화가 당시 정치인과 경제인들이 내세운 명분이었지만, 김정일 정권을 잘못 이해했음이 드러난 것이다. 만약 그 돈으로 식량을 샀더라면 북한 주민이 굶어죽지는 않았을 것이고 한국으로 탈북하는 일도 없었을 것이다. 그러면 남과 북의 사이는 지금보다는 더 좋았을 것이다.

우리는 북한이 가지고 있는 핵무기를 폐기할 수 있도록 해야 할 것이다. 그러기 위해서는 종북주의자들의 어처구니없는 주장부터 없어져야 한다. '자위용'이라는 말도 안 되는 명분으로 국민을 현혹하고 북한을 변호하기 때문이다. 우리는 소련이 멸망한 이유를 잘 알고 있다. 소련이 망한 건 경제 위기 등으로 국민들의 지지율이 떨어져서 정권의 정당성이 사라졌기 때문이지, 핵무기가 없어서가 아니었다. 우리 역시 자기 국민들 먹고 사는 것보다 정권의 안위를 더 중요하게 생각하는 북한 당국의 선전을 순진하게 믿어서는 안 된다.

5부

누가
'종북주의자' 인가

친북주의자 및 종북주의 분류

2011년 12월 김정일 분향소 설치와 관련된 대자보 논란이 서울대학교에서 있었다. 2012년 서울대 총학생회장 후보로 출마했던 한대련

쟁점	NL(민족해방, 자주파, 주사파)	PD(민중민주, 평등파)
지도이념	북한 주체사상, 대남혁명	마르크스 · 레닌주의
최종목표	사회주의 국가 건설	좌동
한국사회평가	식민지 반자본주의	신식민지 국가독점자본주의 사회
강조점	민족모순	계급모순
혁명성격	민족해방→민중민주주의 혁명	민중민주혁명 1단계 혁명론
전략목표	미국 축출 후 파쇼 타도	파쇼와 미국 동시 축출
기본혁명 역량	노동자, 농민, 청년학생	프롤레타리아 전위조직(노동자)
정치참여 태도	비판적 지지 및 민주연립정부 구성	독자 정당론 및 의회주의

계열 박 모 씨가 "김정일 국방위원장 추모 분향소를 학내에 설치하자."고 제안한 것이다. 그는 "6·15 공동선언과 10·4선언의 공동선언자인 김정일 국방위원장의 서거 소식에 조의를 표한다."며 "한반도 평화와 남북협력 강화를 위해 남측의 조문단 파견이 원활히 이루어지기를 바란다."고 이야기하였다. 하지만 서울대 학생들의 커뮤니티인 스누라이프에 올라오는 대다수의 글들은 분향소 설치 제안을 반대했다. 김정일이 독재자인 것을 알기 때문이다. 물론 다른 대학들의 사정도 마찬가지로 판단된다. 1994년 김일성이 죽었을 당시 많은 대학에서 분향소가 설치되었을 때와는 분위기가 많이 달라진 것이다.

1980년대 민주화 운동의 중심이었던 한국의 운동권은 1980년대 말 소련 등 동구권이 몰락할 때 많이 무너졌다. 특히 PD계열 상당수가 무너졌는데 사회주의 국가들의 몰락은 곧 자신들의 이상이 틀렸음을 반증하는 것이기 때문이었다. 반면 종북주의자들인 '주사파'는 북한이 망한 것이 아니었기에 조금 더 버틸 수 있었다. 그러다 1994년 김일성 사망과 1995년부터 외부로 알려진 북한의 대기근 사태로 인해 다시 한 번 타격을 받았다. 그 후 민혁당의 활동도 사실상 중단되고 1996년부터 김영환이 민혁당 해체작업에 들어가자 대부분의 주사파 핵심세력들도 운동권을 벗어나게 되었다. 그래서 예전과 비하면 현재의 운동권의 세력이 최소한 10분의 1 이하로 약화되었다고 주장하는 사람도 있다.

하지만 아직도 많은 종북주의자들이 진보의 탈을 쓰고 활동하고 있다. 그 중 문제가 되는 종북주의자들을 분류해 보자. 여기에서 종북과 친북의 개념을 구분해야 한다는 점에 주의해야 한다. 종북은 말 그대로 북한을 따라가는 종북주의자들을 의미하며, 친북은 종북주의의 성향을 갖고 있지는 않지만 그들의 영향을 받아 상대적으로 김정일·김정은 정권에 호감이 있는 사람들을 말한다.

첫 번째 부류는 10분의 1 이하로 줄어든 소수의 골수 주사파 종북주의자이다. 이들은 민주노동당과 그 후 통합진보당, 범경기동부연합, 민주노총, 전교조, 학생·사회단체의 리더로 활동하고 있다. 두 번째 부류는 본인은 중도라고 생각하지만 결과적으로는 친북 성향을 띠는 사람들이다. 물론 그 중에는 옛날 운동권 출신도 있지만 대부분은 현재 곳곳에서 자기 생활의 기반을 갖고 있는 사람들이다. 이들은 엄밀한 의미에서 '종북주의자'는 아니지만 박근혜 정권이나 새누리당 등 보수층에 상당한 반감을 가지고 있다. 세 번째 부류는 종북주의자들의 영향을 받은 사이버 종북주의자들이다. 이들 대부분은 운동을 했던 사람들이 아니며 주로 온라인에서 활동을 하고 있다. 최근 들어 국가보안법으로 구속되는 사람들 중 상당수가 이들이다. 네 번째 부류는 일반 대중들이다. 원래부터 친북정서를 가진 사람들은 아니지만 "북한이나 김정일이라고 하면 악마처럼 생각했는데, 알고 보니 우리와 똑같은 사람이구나." 하는 정도의 관심을 가진 사람들이다. 물론 이런 사람들까지 친북적 부류라고 규정하기는 어렵다. 하지만 북한에 대해 이렇게 생각하는 것을 마치 합리적인 생각인 것처럼 여기는 것은 잘못이다. 이들은 사이버 종북주의자들의 영향을 받을 가능성이 높다.

종북주의 단체들은 여러 차례 커다란 위기를 맞고 세력이 많이 줄었다. 하지만 김대중 정권 당시의 햇볕정책은 커다란 위기를 맞았던 이들에게 어느 정도의 명분을 주었고 자연스레 숨통을 터주는 계기가 되고 말았다. 이들이 대외적으로 내세우는 통일운동 노선은 원래 북한 주도의 통일이지만, 겉으로는 화해와 협력을 내세웠기 때문이다.

또한 김대중 정권과 노무현 정권 10년 동안의 대북 화해협력 노선으로 공안기관들은 예전과 같이 적극적으로 이들을 견제하지 않았다. 대표적인 것이 2011년 9월에 공개된 폭로 전문사이트 위키리크스에 의해 공개된 김승규 전 국정원장 경질사건이다. 여기를 보면 2006년 터진 '일심회' 사건을 수사하던 김승규 국정원장이 노무현 전 대통령에 의해 경질되는 내용이 있다. 당시 국가정보원이 청와대

386 출신 참모들의 개입 의혹까지 불거졌던 간첩단 '일심회' 사건을 수사한다는 이유로 국정원장을 쫓아냈다는 것이다. 국가정보원은 장기간의 추적 끝에 최기영 '민주노동당' 사무부총장·이정훈 중앙위원·장민호·손정목·이진강 등 5명을 구속 기소했으나 '열린우리당'과 청와대에 숨어 있을지도 모를 '간첩세력'에 대해선 손도 못 대고 수장이 물러나고 말았다. 또한 수사 및 대공 정보·공작팀은 간첩을 잡아냈는데도 권력 핵심을 건드려 줄줄이 물갈이되었다는 것이다. 이와 같은 사실은 알렉산더 버시바우 당시 주한 미국대사가 본국에 보내는 외교 전문(電文)에서 드러났는데, 당시 청와대가 국정원 수사 초기 단계에서 이 사건을 은폐하려 했다는 일부의 시각도 언급되어 충격을 주었다.

종북주의자들이
주로 활동했거나 하는 단체들

한때 전국대학생대표자협의회(전대협)은 학생운동사상 최고의 대중 조직이었다. 전대협 출범식에는 무려 10만 명의 대학생들이 모이기 도 했다. 물론 전대협은 NL주사파가 석권하다시피 했다. 회의를 시 작하기 전에 주사파 학생들은 북한의 대남방송을 녹취해서 거의 공 개적으로 나눠주기도 하고 심지어는 회의를 할 때 김일성을 찬양하 는 노래를 부르기도 했다. 그들은 미국 대사관 앞 반미시위를 기획 하고 "미국놈들 몰아내자! 연방제로 통일하자!" 같은 구호를 외쳤다. 전대협에 이어 한총련, 한대련이 만들어져 활동을 하고 있으며, 이 들 운동권 중 골수들이 졸업을 하고 간 곳은 주로 전국연합, 민주노 동당 및 통합진보당, 민주노총, 통일운동단체 등이다. 물론 사범대 출신들은 임용고시에 합격한 후 전교조에 가입하는 것이 일반적이었다.

종북주의자들은 다양한 분야에서 구체적으로 한국에 대해 비판을 한다. 더욱이 박근혜 정권 등 보수 진영을 대할 때는 아예 적처럼 대하며 분노심을 표출한다. 그러나 어디를 보아도 김정일 정권이나 체제에 대한 구체적인 비판은 없다. 간혹 북한의 문제점을 지적하는 것 같지만 그것은 사람들의 이목을 피하기 위한 구색 맞추기인 경우가 많다.

민주주의민족통일전국연합(전국연합)

대한민국 정부가 청구인으로 나선 통합진보당 정당해산 심판청구서를 보면 민주주의민족통일전국연합의 결성과정 및 통합진보당의 당권파이자 이석기 그룹의 대중조직으로 잘 알려진 경기동부연합의 탄생과정을 이해할 수 있다.

1989년 1월 NL계열과 PD계열이 '전국민족민주운동연합(전민련)'을 연대·결성하여 활동하다가 1990년 PD계열이 민중당 창당을 위해 이탈하자 1991년 12월 전민련의 잔류세력과 NL계열이 전대협,

전교조 등 15개 부문 조직과 서울·부산·경기 등에 있던 10개 지역 조직을 모아 주한미군 철수 및 연방제 통일 등을 주장하며 '민주주의민족통일전국연합(이하 전국연합)'을 설립하였다. 이후 전대협 해체 이후 한총련 등이 전국연합에 가입하였다.

전국연합의 탄생은 NL계열이 민혁당이나 반제청년동맹 등과 같은 전위조직과는 또 다른 대중 공개조직을 별도로 운영하면서 세력을 결집하여 성장해 가는 과정을 보여 주는 예이다. 2008년 2월 전국연합은 스스로 해산하고 구성원 중 상당수가 민주노동당의 핵심 세력으로 옮겨 갔다.

군자산의 약속

NL계열이 대중정치 참여에 나선 결정적인 계기는 '군자산의 약속'이라는 '9월 테제'라는 평가들이 많다. 군자산의 약속은 NL계열인 전국연합이 충북 보람원 수련원에서 '민족민주전선일꾼전진대회'를 개최하여 전국연합의 정치조직 방침을 결정하고 특별결의문을 채택한 것이다. '조국통일의 대사변을 맞는 전국연합의 정치 방침'이라고도 한다.

3년의 계획! 10년의 전망!

광범위한 민족민주전선, 정당 건설로

자주적 민주정부 수립하여 연방통일조국 건설하자!

1. 조국통일의 대사변기를 맞이하여 10년 후 자주적 민주정부를 수립하고 연방통일조국을 완성하기 위한 비상한 태세를 갖추자!

2. 민족민주전선은 승리의 조직적 담보이다. 3년의 계획 아래 광범위한 민족민주전선을 구축하자.

(중략)

5. 민족민주정당은 자주적 민주정부 수립의 정치적 담보이다. 모두가 민족민주정당 건설에 주체적으로 나서자.

이제 민중의 피로써 쟁취한 합법공간으로까지 과감하게 진출하여 자주, 민주, 통일을 공공연히 주장하고 광범위한 민중을 정치의 주인으로 묶어세우자.

우리가 건설할 민족민주정당은 자주민주통일을 지향하는 민족민주운동의 본성적 요구에 맞게 준비되고 건설되어야 한다. 그러자면 다음과 같은 민족민주정당 건설 방침을 구현해야 한다. (중략)

넷째, 민주노동당 등 진보적인 정당운동세력과 긴밀히 협력하고 연대를 강화함으로써 민족민주정당 건설 사업이 폭넓은 통일 단결에 기초하여 추진될 수 있도록 하자.

다섯째, 2002년 지자체 선거와 대선 등 선거투쟁에 적극적으로 대응
하자.

위와 같이 군자산의 약속은 전국연합 등 NL계열이 현실정치, 즉
합법적인 정당운동에 참여하는 결정적인 계기가 되었다. 그 후 PD
계열이 주도했던 민주노동당은 NL계열이 장악해야 할 대상이 되었
고 NL계열의 조직적인 가입이 시작되었다. 결국 NL계열의 대거 입
당으로 민주노동당 창당 당시 1만 명 수준이었던 당원 수가 2004년
말에는 4만 5,000여 명으로 증가하기도 하였다. 손님이었던 NL계열
이 민주노동당을 장악하기 시작한 것이다.

경기동부연합

민혁당은 1997년 7월 공식 해산 결정되었으나 이석기 등 민혁당 잔
존세력들은 공개조직인 청년단체(티사랑청년회 등) 및 전국연합 내 성
남연합(이후 경기동부연합으로 전환)을 장악하게 되었다. 이들은 민주노
동당에 합류하여 당의 주축세력을 이루고, 광주전남연합 등 다른 계

파들을 주도하는 강력한 권력을 갖게 된다.

민주노동당

민주노동당은 2011년 12월 11일 통합진보당으로 통합되면서 10년의 역사를 마무리했다. 하지만 민주노동당의 종북주의 성향은 역사적으로 심판을 받아야 하며, 뒤를 이어 만들어진 통합진보당은 헌법재판소에 의해 2014년 12월 해산 판결을 받고야 말았다.

2010년 9월 28일 제3차 북한 당대표자회를 통해 김정은이 공식 등장했다. 불과 20대의 청년이 대장 계급을 달고 조선노동당 중앙군사위원회 부위원장으로 임명된 것이다. 그것은 그가 김정일의 뒤를 이어 북한의 3대 지도자가 될 것임을 의미하는 것이었다. 그리고 김정일 사후 북한은 김정은 시대를 공고화하기 위한 다양한 작업을 진행 중이다. 북한 내부소식을 뉴스로 만드는 일을 하고 있던 필자는 계속해서 김정은이 등장할 것임을 예견해 왔다. 그래서 '혹시나' 하는 생각에 종북주의자인 친구에게 "여기에 대해서 어떻게 생각하느냐?"라고 물었던 적이 있다. 현대사에 유례없고 사회주의 이론으로도 말이 되지 않는 3대 세습은 코미디에 불과하다고 생각했기 때문이다. 그러나 그 친구는 당시 김정은이 누군지도 몰랐으며, "북한 정권이 결정하는 것에는 그만한 이유가 있을 것"이라며 둘러댔다.

당시 민주노동당 대표였던 이정희 의원 역시 김정은으로의 3대 세습을 비판했던 『경향신문』을 재비판하며 그의 종북주의적인 성향을 그대로 드러냈다. 『경향신문』은 사설을 통해 "(민주노동당은) 3대 세습이라는 중요한 사안을 두고 비판할 수 없다는 입장을 정하고 말았다. 실망스러운 일"이라며 "북한은 무조건 감싸 주어야 한다는 생각이라면 그것이야말로 냉전적 사고의 잔재"라고 밝힌 바 있다.

이에 민주노동당 울산시당에서 『경향신문』의 절독을 선언했으며, 이 대표 역시 북한의 세습에 대해 "말하지 않는 것이 나와 민주노동당의 판단이며 선택"이라는 입장을 내세우며 3대 세습에 대해 언급하지 않았다. 북한문제는 한국정치에 가장 중요한 문제 중의 하나이다. 그러므로 3대 세습 현상에 대해 발언하는 것은 정당의 기본 의무이다. 여기에 입장을 밝힐 수 없다는 것은 민주노동당이 공당으로서의 의무를 다하지 않는 것이며, 그 종북주의적인 성격을 드러내는 것이기도 하다.

한국이 민주적이지 않다고 비난하면서 막상 조선민주주의인민공화국인 북한이 왕조국가처럼 세습을 하는 것에 비판을 하지 않는다는 것은 큰 문제가 있다. 주체사상의 관점에서 볼 때도 3대 세습은 말이 되지 않는다. 민주노동당은 천안함 폭침과 연평도 포격사건에 대해서는 "북한보다 대한민국이 더 잘못했다."는 식으로 정치·사회 현상에 대해 누구보다 앞장서 발언하기 위해 노력하여 왔다.

민주노동당은 2012년 19대 국회의원 선거와 18대 대통령 선거를 대비하여 당을 해체하고 진보신당 탈당파, 국민참여당과 함께 통합 진보당을 만들었다. 원래는 진보신당이 참여했어야 하지만 국내문제를 둘러싼 국민참여당과의 입장 차이와 더불어 종북주의 문제로 껄끄러운 민주노동당과의 재합당을 원치 않는 평당원들의 반대로 홀로 남게 된 것이다.

민주노동당에서 갈라져 진보신당이 창당된 것은 2008년 3월이다. 2000년 1월 진보정당의 꿈을 이루기 위해 NL과 PD 운동권 출신 인사들이 힘을 합친 이후 8년 만에 분당이 된 것이다. 이른바 '일심회' 간첩단 사건 관련자의 출당 여부를 둔 찬반논란 때문이었다. 당시 민주노동당의 사무부총장이던 최기영 씨 등이 간첩단과 관련된 인물이다.

당시 민주노동당의 당대표였던 심상정 씨가 일심회 관련자들의 제명 안건 등을 담은 당 혁신안을 상정했으나 이른바 자주파(종북주의자) 대의원들이 이 안건을 삭제하는 수정동의안을 발의해 출석 대의원 862명 중 553명의 찬성하면서 가결시켜 제명안을 무산시키고 말

왔다. 이후 심상정과 그를 지지했던 노회찬 전 의원 등 평등파(흔히 PD로 분류됨) 당원들이 대거 탈당해 진보신당을 창당했다.

대법원 확정 판결이 난 간첩에게 어떤 징계도 내리지 않았던 이유는 무엇일까? 일심회 사건 이후 다시 발생한 왕재산 사건에서도 그랬듯이 민주노동당에 유독 간첩단에 연루된 이들이 많다는 데에서 우리는 그 답을 찾을 수 있을 것이다.

통합진보당 사태

노회찬 전 정의당 대표가 자신의 책 『대한민국 진보, 어디로 가는가』에서 밝혔듯이 이들의 모습은 자신들이 평소 강조하는 진보적인 모습이 아니었다. 통합진보당 내에 겉으로 노출되지 않은 특정 정파인 경기동부연합이 주문하는 사항들이 당내에서 관철되었으며, 당직도 맡고 있지 않았던 이석기에 의해 이정희 대표가 한칼에 베어졌기 때문이다. 이러한 폐쇄성 및 엄격한 규율은 부메랑이 되고 말았다. 4·11 총선 당시 우리는 유시민 전 장관과 조준호 공동대표 등이 경기동부연합 구성원으로 추정되는 인물들에 의해 폭행당하는 모습을 목격했다. 정계에 전혀 알려지지 않았던 이석기 등을 비례대표로 당

○ 창당	
2011년 12월 5일	민주노동당 이정희, 국민참여당 유시민, 새진보통합연대 심상정 3자간 통합 공식 결의
○ 야권연대	
2012년 1월 16일	이정희, 유시민, 심상정 공동 대표 민주통합당에 4월 총선 야권연대 공식 제안
3월 10일	이정희, 민주당 한명숙 대표와 4월 총선 야권연대 협상타결 통합진보당 후보 전략공천 16개 지역 선정
3월 23일	이정희, 서울 관악을 야권 단일후보 경선 여론조사 조작의혹 관련 후보 사퇴, 이상규 전 민노당 서울시당 위원장 후보 선정
4월 11일	19대 총선에서 통진당 비례대표 6명, 지역구 의원 7명 등 13명 당선
○ 분열	
4월 20일	참여당 출신 이청호 부산 금정구 공동지역위원장, 비례대표 경선 부정선거 의혹 제기
5월 2일	당 비례대표 경선 진상조사위, '비례대표 경선 총체적 부실' 발표
5월 12일	이정희, 유시민, 심상정, 조준호, 중앙위원회에서 공동대표직 사퇴선언, 당권파와 비당권파 간 폭력사태 발생
5월 25일	강기갑 의원 등 비당권파 혁신 비대위 열어 비례대표 부정선거 관련 이석기·김재연 비례대표 당선자 제명 절차 착수
7월 26일	의원 총회서 이석기·김재연 제명안 부결
9월 13일	심상정, 노회찬, 강동원 의원, 유시민, 조준호 전 공동대표 탈당
○ 내란음모	
2013년 8월 28일	국정원, 내란음모 혐의로 이석기 의원실 등 압수 수색
9월 4일	이석기 의원 체포동의안 국회에서 가결
11월 5일	통합진보당 해산심판청구안 국무회의 통과
2014년 2월 17일	수원지법, 이석기 의원에 적용한 내란음모·선동, 국가보안법 위반 모두 인정, 징역 12년, 자격정지 10년 선고
8월 11일	서울고법, 원심 파기하고 이석기 의원의 내란음모 무죄, 내란선동 및 국보법 위반 유죄 인정, 징역 9년 및 자격정지 7년 선고
○ 당 해산 결정	
2014년 12월 19일	헌법재판소, 통합진보당 해산 결정

통합진보당, 창당에서 해산까지

선시키기 위해 이들은 조작도 서슴지 않았다.

2012년 5월 2일 조준호 위원장은 비례대표 경선 진상조사위원회의 조사 결과를 발표하며, 온라인 투표 당시 프로그램 수정·동일 IP 집단 대리투표, 오프라인 부정 투표용지 등을 제시하며 경선이 '총체적 부실부정 선거'라고 규정했다. 물론 이정희를 비롯한 소위 당권파는 극렬하게 반발했고 그 와중에 발생한 폭력사태가 인터넷 TV를 통해 그대로 방송된 것이다.

이른바 '통합진보당 비례대표 부정경선 사태'에서 보듯이 이들은 진보적이지도, 민주적이지도 못했다. 통합진보당의 창당에서 해산까지의 기록을 정리한 표를 보면 종북주의자들이 누구를 숙주로 삼아 정치권에 나섰는지 알 수 있다. 그리고 그들의 패배가 우리 대한민국의 승리임을 알 수 있다.

이석기는 종북보다 종미가 더 문제라고 말을 해 파문을 일으

2014년 12월 한 청년단체의 통합진보당 해산을 기원하는 헌법재판소 앞 퍼포먼스.

키기도 하였으며, 애국가를 두고도 국가가 아니라고 말했다. 그에게 조국은 한국이 아닌 북한이기 때문에 가능한 생각인 것이다.

전국민주노동조합총연맹(민주노총)

민주노총은 1991년 11월 결성된 노동운동조직으로 1997년에야 합법화된 단체이다. 처음에는 노동자들의 권리를 지키기 위한 조직이었고, 한국의 민주화에도 어느 정도의 역할을 하였지만 최근 들어서는 민주노총의 투쟁들이 대부분 정치·사회적 이슈에 편중되었다는 비판을 귀족노조라는 말과 함께 받고 있다. 노무현 정권 때는 이라크 파병 반대, 국가보안법 철폐, 평택 미군기지 이전 반대 등에 나섰으며, 이명박 정권 때에도 광우병 촛불시위, 한미FTA 반대운동에 적극 나선 바 있다.

이러한 정치 중심의 투쟁은 내부에서도 문제가 되어 많은 노조들이 민주노총 등을 탈퇴하는 원인이 되었다. 민주노총의 상급단체별 노조 수는 2009년 553개에서 2010년에는 432개로 줄었다. 탈퇴하는 노조들은 대부분 자신들과 상관없는 정치투쟁에 동원되는 것을 비판하고 있다. 그래서 민주노총 전체 차원에서 추진되는 정치적 총

파업투표는 투표 참여율이 50퍼센트를 겨우 넘기고, 파업 참여율은 20퍼센트밖에 되지 않는다. 정치투쟁들이 지도부의 일방적인 결정임을 알 수 있는 부분이다.

민주노총이 이렇게 정치투쟁에 나서는 원인은 민주노동당과 관련되어 있다. 그동안 민주노총이 벌인 투쟁은 민주노동당 역시 참가한 것들이다. 민주노동당은 민주노총, 전국농민회총연맹 등의 이익단체와 일부 좌파세력들의 합작으로 창당되었다. 민주노동당의 당헌에 의하면 대의원을 할당받는 권리를 지닌 '배타적 지지단체' 조항이 있다. 이에 따르면 민주노총은 민주노동당 대의원의 30퍼센트를 할당받는데, 국회의원 공천 등 주요 방침을 대의원대회 또는 중앙위원회의 표결로 정하는 민주노동당의 의사결정구조에서 이 비율은 큰 의미이다.

그래서 정치활동에 있어서 민주노총이 민주노동당의 외곽단체처럼 기능한다는 비판이 있다. 또한 민주노동당 대표 등 주요 당직자 중에서 민주노총 출신들도 많다. 민주노총에서 잘만 하면 정치권으로의 진출도 가능한 것이다. 강성으로 보이면 정치투쟁도 잘한다는 식으로 평가받으면서 대화보다는 파업을 하려는 풍토도 여기에서 비롯된다.

2011년 9월에는 국립중앙의료원의 박재갑 원장이 보건복지부에

사표를 냈는데 그 이유는 민주노총 지도부가 의료원에 들어가 입원실 앞에서 확성기로 의료원 노조의 주장을 외치고 꽹과리를 치며 환자들을 괴롭힌 사태를 막지 못한 데 대해 책임을 지기 위해서였다. 힘겹게 투병생활을 하는 환자들을 무시하고 자신들의 이익을 위해 행사를 하는 행위는 도저히 납득할 수가 없다. 그래서 한 탈북자는 민주노총의 모습이 북한과 비슷하다고 말할 지경이다.

민주노총에 나도 모르게 관심이 많이 간다. 그 이유가 민주노총과 내가 살았던 북한의 공통점들 때문이 아닐지 모르겠다. 이렇게 이야기하면 곧바로 떠오르는 종북주의를 말하는 것이 아니다. 내가 말하고 싶은 핵심 공통점은, 강경파가 아니면 살아남기 힘든 조직구조를 둘이 공통으로 갖고 있다는 것이다.

북한에서 온건한 사람들은 살아남기 힘들다. 승진하려면 남보다 강경한 정책으로 김정일의 눈에 들기 위한 충성경쟁을 펼쳐야 한다. 온건했던 사람도 결국 살아남는 데 뭐가 필요한지 체득하게 된다.

선명성과 투쟁정신을 과격하게 증명해 보여야 살아남는다는 점에서 북한과 민주노총은 닮았다. 북한에서 살아봤던 나는 민주노총의 회의 분위기가 어쩐지 매우 익숙할 것 같다. 북한에서 충성결의대회를 할 때 분위기는 이렇다. 선동연설로 격앙되면 그 분위기 속에 잇따라 연단에 올라가 과격한 말을 경쟁적으로 펼치는 연사들. 그리고 연단 밑에서 박수 치고 소리치는 '옳소 부대'들.

북한과 민주노총은 또 다른 공통사항이 있다. 망해가면서도 목소리 큰 강경파가 득세하는 시스템의 악순환을 절대 스스로 버릴 수 없다는 것이다. 결말은 뻔하다. 대표적 사례가 제2차 세계대전 시기의 히틀러 진영을 들 수 있다. 소련군이 독일까지 들어오고 히틀러가 망할 것이 뻔한데도 게슈타포 책임자들을 비롯한 나치의 고위층들은 그 순간까지도 히틀러에게 잘 보이기 위해 서로 경쟁했다. 그게 인간인가 보다.

—주성일, 『서울에서 쓰는 평양 이야기』 중에서

민주노총의 종북주의적 성향은 다양한 곳에서 엿볼 수 있다. 예를 들어 왕재산 사건이 조작이라고 주장하며 철회를 요구하기도 하였다. 또한 2011년 8월에는 서울 숭례문에서 한진중공업 정리해고 철회·비정규직 철폐를 주장하는 집회를 마친 민주노총 시위대 4,000여 명이 서울광장으로 몰려가 북한 인권 고발영화 행사를 집단적으로 방해하기도 하였다. 당시 서울광장에서는 북한 인권문제를 제기하는 영화 「김정일리아」가 적법절차에 따라 상영되고 있었는데, 민주노총이 갑자기 서울광장에 불법으로 무대를 설치한 후 고성능 스

피커를 이용해 학생들의 행사를 방해한 것이다. 이 행사는 결국 누군가가 전력선을 칼로 절단하는 바람에 중도에 무산되고 말았다.

민주노총이 과거부터 북한 인권운동을 순수한 의도로 보지 않았음은 잘 알려진 사실이다. 2012년 8월 14일 북한 전문 인터넷 신문인 『데일리NK』의 기사 「민노총이 발행한 교육지 "김영환, 고문당했니 마니하고 있어, 美 사주로 활동 시사」는 이와 같은 사실을 뒷받침한다. 민주노총은 『2012년 교육지 17호─문제로 보는 자주통일정세』의 '최근 북미관계 바로보기─바뀌고 있는 한반도 판을 알자!' 6번 문제를 통해 2012년 3월부터 7월까지 북한 인권운동을 하다 중국 당국에 의해 억류되었던 북한 인권운동가 김영환과 관련해 다음과 같은 주장을 했다.

김영환은 탈북공작을 하다가 중국 공안에 체포됐다. 한국에 돌아와 고문을 당했니 마니 하면서 정치인 버금가는 관심을 모으고 있다. 그는 (자신의 활동과 관련) "한국은 나서지 말라, 중국과 미국이 이야기할 문제다."라는 취지의 말을 함으로써 자신이 미국의 대북 저강도전략의 일환인 탈북자에 대한 공작과 연계돼 있음을 시사했다.

─민주노총, 『2012년 교육지 17호-문제로 보는 자주통일정세』 중에서

민주노총은 같은 글에서 '한국 수구 보수세력이 합동으로 북한 인권을 위한다는 명목 하에 관련법을 제정하고 있는데 남북관계 개선에 악영향을 미칠 것으로 예상된다. 이 법은 무엇인가?'라고 묻고 있다. 이 문제의 답은 '북한인권법'이다. 그러나 김영환이 민혁당을 해산하고 10년 넘게 해 왔던 북한 인권활동이 미국과 연관되었다는 주장은 어불성설이다.

오직 북한만이 조국평화통일위원회를 통해 "김영환이 미국의 사주를 받았다."고 주장했다는 점에서 민주노총의 종북주의 성향을 의심할 수밖에 없는 부분이다. 또한 『데일리NK』에 의하면 2012년 8월 11일 민주노총 주최로 한강공원에서 열린 '8·15 노동자 통일골든벨' 행사에서 사회자는 김일성과 김정일에 '주석' '위원장' 등 직위를 붙여 존칭하면서도 이명박 대통령에 대해서는 '명박이' '대한민국 국민의 원수' 등의 막말을 쏟아내 물의를 일으키기도 했다.

전국교직원노동조합(전교조)

전국교직원노동조합(이하 전교조)은 1989년에 창립되어 1999년 합법화되었으며 초기 '참교육운동' '촌지 안 받기 운동' 등으로 긍정적인 이미지를 보여 왔다. 그리고 그러한 힘을 바탕으로 현재에 이르기까지 교육계에 큰 영향력을 끼치고 있다. 2014년 서울, 경기도, 부산, 강원도, 광주, 전라북도 등에서 진보적인 성향을 가진 교육감들이 당선되는 데 전교조의 역할이 상당한 것으로 알려져 있다. 하지만 교육 현안에 대한 극단적 투쟁방식과 이념적 편향으로 최근 들어 부정적인 이미지도 상당히 높아져 조합원 수도 줄어들고 있다.

2011년 12월 새로 창당된 통합진보당이 창당대회 국민의례에서 애국가를 부르지 않기로 해 논란이 되었지만, 전교조 역시 자신들의 회의에서 짧은 묵념과 「임을 위한 행진곡」만을 부른다. 애국가 제창이나 국기에 대한 맹세 같은 국민의례는 진행하지 않는데, 이는 상당수가 공무원 신분인 입장으로서 부적절한 처신이라고밖에 볼 수 없다.

전교조는 항상 언론의 주목을 받아왔다. 교사라는 직업특성 상 학생들에게 많은 영향을 주기 때문이다. 물론 대부분의 전교조 교사들은 교직에 대한 자부심과 함께 열정적인 마인드로 학생들을 가르치고 있다. 그러나 이러한 긍정적인 모습과 달리 편향된 교육을 함으로써 많은 우려를 주기도 한다. 종북주의적인 사고를 가진 일부 전교조 교사들 때문이다.

그래서 전교조 교사였던 정재학은 『전교조의 정체』라는 책에서 전교조의 위험성을 크게 여섯 가지로 분류한다. 1) 국기에 대한 경의를 갖추지 않는다. 2) 민족을 가진 자와 못 가진 자로 나누어 분열과 투쟁을 가르친다. 3) 학생들에게 반윤리·비도덕적인 인간성을 배양하고 있다. 4) 지금 미군부대 앞에 전교조 자식들은 없다. 5) 모든 것이 적화통일을 위한 수순일 뿐이다. 6) 의식화시킨 학생들을 각 시민단체와 민노총, 한총련 등에 공급하고 있다.

이 중 종북주의와 관련된 것들이 4), 5), 6) 항목이다.

정재학은 "전교조가 어느 교육과정에도 없고, 학부모도 학생도 원하지 않는 반미교육에 열중하고 있다. 우리 국민 중 어느 누구도 반FTA 같은 교육을 통해 반미교육을 시켜달라고 부탁한 사람을 없을 것이다."라고 말한다. 하지만 전교조는 사회 현안이 있을 때마다 아이들에게 현안의 중요성을 가르친다는 핑계로 반미교육을 해왔다는 것이다. 또한 그는 "전교조가 연방제 통일이라는 목표를 이루기 위해 반미운동을 벌이면서 수많은 학생들을 좌익화시키고 있다."고 고발한다. 이들이 성장해 한총련과 민노총에 가입한다는 것이다.

전교조 교사들이 했던 계기수업들의 사례로는 '이라크 파병 반대 계기수업' '아시아태평양경제협력체(APEC)회의 반대 계기수업' 등이 있는데 한쪽에 치우친 내용들로 이루어져 있다. 내부고발자의 고백은 언제나 폐부를 찌른다. 그가 전교조 회원으로 있으면서 목격하였던 것들을 우리는 무시해서는 안 된다. 전교조의 '종북주의' 성향은 회원들끼리 보는 문건에서도 드러난다.

> 미국은 한국에 대한 식민지 체제를 유지·공고화하기 위하여 '한미군사동맹 체제' 강화에 가장 중점을 두고 여러 가지 압박 및 분열정책을 펼 것이다. 미국의 민족분열 정책, 대북강경 정책이 지속되는 한 한반도의 불행은 지속될 수밖에 없다. (중략) 만약 우리가 같은 민족 입장에서 북과 힘을 합쳐 미국을 밀어내고자 한다면 북미관계는 돌파구를 마련하게 될 것이다. 따라서 조국 광복 60년, 6·15공동선언 5주년을 맞이하는 올해를 전 민족의 역량을 결집해서 미국에게 일격을 가하는 해로 만들어야 할 것이다.
>
> — 『전교조 2005년 통일일꾼 연수 자료집』 중에서

위의 자료집을 자기네들끼리 공부하기 위해서 만들었다고는 생각할 수 없다. 사람들이 전교조에 대해서 걱정하는 것에는 다 이유가 있는 것이다. 위와 같은 생각을 가진 사람이 교사로서 학생들을 가르친다면 아이들은 어떠한 영향을 받게 될까? 시간이 지나기는 했지만 지금도 위와 비슷한 내용으로 연수를 진행하고 있다고 한다. 언론에 자주 보도되는 전교조 출신 교사들의 잘못된 행동은 지금도 여

전하다.

한국대학생연합(한대련)

2015년 현재도 남아 있는 종북주의 학생단체 중 대표적인 곳이 한국대학생연합(이하 한대련)이다. 한대련은 경기동부연합과 밀접한 관련을 맺고 있으며 한국외대 총학생회장이었던 통합진보당의 김재연 역시 한대련 의장 출신이다. 한대련은 2012년 9월 통합진보당 폭력 사태, 2013년 6월 서울 광화문광장에서 벌어진 불법폭력시위를 주도하였고 이러한 이유로 탈퇴하는 대학들도 늘어나고 있다. 그러나 명맥은 남아 있어 대정부 시위에 관련된 행사에는 지금도 이름을 올리고 있다.

한 가지 재밌는 사실이 또 있다. 이석기는 2005년 2월부터 선거 전략·기획·홍보 등을 담당하는 CNP라는 회사를 설립하여 조직의 재정사업 등을 하였다. CNP는 설립 당시부터 민주노동당, 이후 통합진보당 후보의 선거 홍보물 제작과 전략 컨설팅 등의 업무를 독점하였다. 또한 CNP는 한대련 소속 총학생회의 선거를 기획하고, 선거운동을 지원하는 등 학생운동권과도 밀접한 관련이 있는 것으로 보인다. 이는 경기동부연합 출신인 이석기가 대학생에 대한 조직사업을 계속해왔음을 의미한다.

사회단체

2011년 12월 24일 '자주통일과 민주주의를 위한 코리아연대(이하 코리아연대)'의 황혜로 공동대표가 김정일 조문을 위해 북한을 방문했다. 정부 허가 없이 입북을 강행한 데 대해 이 단체는 "조문이 28일까지라 시간이 촉박하고 비록 북측의 공식 초청장을 받지는 않았으나 '모든 민간단체의 조문을 허용하겠다.'고 북한이 발표해서 바로 입북했다."고 밝혔다. 또한 코리아연대는 "김정일 위원장은 6·15 공동선언과 10·4 선언에 합의해 남북 화해를 이끌어낸 당사자 중 하나로 그의 사망은 남북 모두 애도해야 한다."며 민간에서 방북해 조의를 표하는 것은 당연히 허용돼야 할 일이라고 주장했다.

이들의 논리는 과거부터 계속해서 반복되었던 것이다. 코리아연대는 조국통일범민족연합(범민련), 남북공동선언실천연대(실천연대) 등이 이적판결을 받고 활동에 제약을 받으면서 만들어진 단체이다. 이름만 바뀌었지 종북주의 단체인 것이다. 또한 황혜로 공동대표 역시 대학 재학 중이던 지난 1999년 한총련 대표로 8·15 범민족통일

대축전 참가를 위해 입북했다 징역형을 받은 전력이 있다. 그리고 2004년 민주노동당 최고위원 후보로 출마했으며, 최근까지 민주노동당 유럽위원회 정책부장으로 활동하였다.

종북주의 성향의 학생·사회단체에는 조국통일범민족연합(범민련), 민주주의민족통일전국연합(전국연합), 6·15남북공동선언실현과한반도평화를위한통일연대(통일연대), 남북공동선언실천연대(실천연대), 한국대학생총학생회연합(한총련), 21세기한국대학생연합(한대련) 등이 있다. 이 중 범민련, 실천연대, 한총련 등은 법원으로부터 이적단체 판결을 받은 전력이 있다. 2010년 7월 재판 결과 이적단체로 판명된 실천연대에 대해서 재판부는 "실천연대는 비록 표면적으로는 정식 사회단체로 관청에 등록해 비영리민간단체지원법이 정한 형식적·절차적 요건까지 구비하고 정부 보조금을 지원받은 적이 있어도 그 실질에 있어서는 반국가단체로서 북한의 활동을 찬양·고무·선전하거나 이에 동조하는 행위를 목적으로 삼았고, 실제 활동 또한 국가의 존립·안전과 자유·민주적 기본질서에 실질적 해악을 끼칠 위험성을 가지고 있는 이적단체에 해당한다고 보기 충분하다."고 밝혔다.

참여연대 등 시민단체들은 엄밀하게 이야기하면 종북주의를 표방하는 단체는 아니다. 하지만 국가보안법 폐지운동이나 북한인권법 반대 등 주요 현안이 있을 때마다 종북주의 단체들과 함께 연대해

왔다. 어느 정도 종북주의에 영향을 받았다고 볼 수 있는 부분이다. 예를 들어 두 세력은 함께 국가보안법의 철폐를 주장한다. 정권 전복의 수단으로 악용될 가능성이 크다는 것이다. 그러나 이들은 국가보안법의 다른 측면은 외면한다. 북한 정권 등이 한국 체제 전복을 기도·시도하는 것에 대비하는 안전장치 역할 말이다. 국가보안법의 순기능은 그대로 이어가되, 이것이 인권탄압이나 정권의 도구로 악용되지 않도록 철저히 관리하는 것이 더 유용할 것이다.

잘 알려지지 않은 단체들

신문 등의 언론을 통해 잘 알려진 단체들뿐만 아니라 일반인들은 잘 모르는 단체에도 종북주의자들이 많다. 김기종이 대표로 있던 '우리 마당'뿐만 아니라 2015년 5월 북한 대남조직인 225국과 접촉하여 국내정세를 보고한 혐의로 기소되어 징역 5년이 확정된 전식렬이 대표로 있는 민족춤패 '출'도 그렇다.

옛 통합진보당 영등포구 선거관리위원장이자 민족춤패 '출'의 대표 전식렬은 일본을 오가며 조총련 소속이자 북한공작원인 박 모 씨에게 포섭됐고, 2011년 3월에는 중국 상하이로 건너가 225국 소속

공작원을 접촉한 혐의가 인정되었다. 225국은 한국의 주요 인사 포섭과 국가기밀 수집, 요인암살과 테러 등을 주요 임무로 삼고 있는 북한의 대남공작기구로 일심회, 왕재산 등 국내 간첩단 활동의 배후이기도 하다.

전식렬은 김일성의 생일에 맞춰 '김일성 충성맹세문'을 작성한 것은 물론 공작원 박 씨에게 통진당의 당직 선거와 관련된 계파 갈등 상황을 보고했다고 한다. 흥미로운 것은 1심에서 전식렬에게 징역 4년 등을 선고됐는데, 오히려 2심 재판부가 "사회분열과 혼란을 초래할 위험이 큰 범죄로 죄질이 무거운데도 범행을 뉘우치지 않고 있다."며 형을 가중시켰고 대법원이 이를 확정한 부분이다.

민족춤패 '출'은 1999년 창단된 것으로 알려져 있으며, 2009년 4월 노동무용극 「아! 대한민국」을 발표하기도 하였다. 흥미로운 것은 당시 극을 후원한 단체들이다. 일일이 열거해 보면 한국진보연대, 전국민주노동조합총연맹, 전국농민회총연맹, 전국여성농민회총연맹, 전국여성연대, 전국보건의료산업노동조합, 전국보건의료산업노동조합 서울지역본부, 전국민간서비스산업노동조합총연맹, 전국운수산업노동조합, 금속노조, 통일광장 등이 있다.

종북주의 단체들의
사실 왜곡주장들

지금도 이름이 알려지지 않는 각종 사회단체, 문화단체 등에서 종북주의자들이 활동하고 있다. 그리고 그들은 사안이 터질 때마다 국민을 선동하고 국론을 분열시키고 있다. 이들은 2008년 광우병 사태에 이어 2014년 세월호 사건까지 정국을 흔들 수 있는 모든 사건에 끼어들어 반정부투쟁으로 여론을 몰아가고 있다. '세월호 참사 국민대책회의'에 참여하고 있는 단체들 중 한국진보연대, 참여연대, 21세기한국대학생연합, 조국통일범민족연합남측본부, 전국민주노동조합총연맹 등은 광우병 촛불시위 당시에도 허위사실을 유포하며 대중을 선동하는 데 앞장섰던 단체들이다. 이와 같은 단체와 사람들이 2014년 4월 벌어진 비극적인 해상교통사건에 끼어들어 정치투쟁 도구로 전락시키고 말았다. 그래서 세월호 유가족 중 일부는 "자신들이 정치적으로 이용되는 것에 반대를 하며 이들이 물러나기를 바란다."는 가슴 아픈 기자회견을 하기도 하였다.

세월호국민대책회의는 유가족을 포함한 피해자 가족들이 물대포와 캡사이신 최루액을 맞으며 아들 같은 의경들과 악에 받쳐 싸우게 하는 걸 멈춰 주십시오. 국민들이 자식 잃고 생기를 잃어가는 부모들을 폭도로 매도하게 하는 빌미를 제공하지 마십시오.

－2015년 4월 23일 세월호 실종자 가족
허다윤 엄마 박은미 씨 등의 기자회견 중에서

사이버 종북주의자

2000년대 초반까지 연간 200건을 넘었던 국가보안법 위반 사건은 노무현 정권 당시 연간 30여 건으로 크게 줄었다가 이명박 정권이 들어서면서 다시 늘어났다. 2010년 국가보안법 위반 사건이 151건으로 노무현 정부 당시보다 5배 이상 증가한 것이다. 진보 진영에서는 국가보안법을 무분별하게 적용했기 때문이라고 주장한다. 정권의 이익을 위해서 이른바 공안사건을 조작해 사람들을 잡아들인다는 것이 그들의 논리이다. KAL기 폭파사건 때처럼 북한과 관련되거나 연계된 사건을 만들어 국민들의 관심을 정권에 유리하게 만들기 위한 조작을 한다는 것이다.

반대 입장도 존재한다. 김대중 정권과 노무현 정권 때 국가보안법 위반자가 적은 이유는 두 정권이 국가보안법 위반자들을 잡아들이는 것을 좋아하지 않았기 때문이라는 것이다. 햇볕정책 등을 펼치며 남과 북의 사이가 좋기를 바라는 입장에서 공안사건을 일으키는 것은 북한에게 좋지 않은 신호를 보낼 수 있다는 것이 당시 여권 고위층들의 생각이었다. 앞에서는 정상회담을 하면서 뒤로는 북한을 찬양하는 사람들을 잡아들인다는 것은 북한에서 "남과 북의 관계가 좋아지는 것을 원하지 않는 것 아니냐?"라고 의심할 수 있다는 것이다.

이런 이유로 이 일을 담당하는 검찰이나 경찰의 전문기구들이 제 역할을 못하게 되었고 국가보안법 위반자 역시 일부러 잡지 않는 경우도 있었다고 한다. 그리고 그러한 분위기는 온라인 상에 김정일을 찬양하는 카페 등이 무수히 만들어지는 계기가 되고 말았다. 자유민주국가인 한국의 국민들에게 표현의 자유가 허용되어야 함은 물론이다. 하지만 호시탐탐 한국을 위협하는 북한 김정일·김정은 세력을 찬양하는 것까지는 납득할 수 없다.

다음과 같은 사건도 마찬가지이다. 2011년 12월 19일 김정일의 사망 소식을 접한 한 인터넷 카페에 다음과 같은 게시물이 올라왔다. "고난의 행군을 거치면서 끝까지 굴하지 않았던 기백의 소유자(김정일), 아버지 옆에서 영면하소서."라고 말이다. 또한 이 카페의 일부는 김정은을 '젊은 호랑이'라고 부르며 "이제 지휘봉은 젊은 호랑

이에게 넘어갔다." "당장은 쥐XX들이 자신들의 세상을 만난 듯 활개를 칠 것이지만 이제 지휘봉이 젊은 피로 넘어간 만큼 이전과 같은 미적거림은 볼 수 없을 것"이라는 댓글을 남기기도 하였다. 300만 명을 굶어죽이면서도 별 죄책감이 없던 김정일을 칭찬하고 현대사에 유례없는 3대 세습의 주인공 김정은을 '젊은 호랑이'라고 하는 사람을 어떻게 판단해야 할까? 이러한 것도 표현의 자유라고 이해해야 할까? 우리는 이러한 입장을 용납해서는 안 된다.

위의 글은 '임시사이버민족방위사령부'라는 카페의 게시글이다. 임시라는 명칭이 붙은 것은 원래의 '사이버민족방위사령부'라는 카페가 종북주의 색깔로 강제 폐쇄된 후 다시 만들어졌기 때문이다. 이 카페의 운영자였던 사람 역시 국가보안법 위반 혐의로 구속되어 1년 6개월형을 선고받고 교도소에 있다. 김정은이 2010년 9월 28일 북한 당대표자회를 통해 공식 등장한 것에 대해 그가 쓴 글을 살펴보자. 그가 국가보안법으로 감옥을 간 것이 문제가 있는지 한 번 판단했으면 한다.

기백(氣魄)의 장군 김정은 대장의 공식 출현을 기쁜 마음으로 맞이합니다.
기백(氣魄)의 장군 김정은 대장님!

먼저 조선노동당 중앙군사위원회 부위원장이 되신 것을 열렬히 축하합니다. 또한 총참모부 사람들이 그때와 같이 보좌할 수 있도록 그대로 옆에 두게 되는 등 그 배려에 감사드립니다.

얼마나 보고 싶었는지 모릅니다. 얼마나 기다렸는지 모릅니다. 드디어 오늘 우리는 님을 만나게 되어 기쁩니다. 그리고 흥분됩니다. 할아버지 수령님의 풍모를 그대로 갖추시어 놀랍고, 진짜 청년이어서 또 놀랍습니다. 때문에 그 기백이 어디에서 나왔는지를 확인하게도 되었습니다. 백두의 혈통 그대로입니다.

우리는 기억합니다, 2009년 3월을. 그 치열한 격랑 속에서도 적들을 의연히 단숨에 제압하는 모습을 절대로 잊을 수 없습니다. 우리는 보았습니다. 적들이 감당하지 못하여 설설 기고 자지러지는 모양을. 하여 천하를 재패하는 그 모습에 우리는 미칠 것만 같았습니다. 그 주인공을 이렇게 멀리서나마 뵙게 되어 하늘에 감사합니다. 또한 폐하께서 기뻐하시는 모습을 보니 즐겁습니다.

이제 조선노동당 중앙군사위원회 부위원장으로서 공식적으로 조선인민군 최고사령부 최고사령관의 잠정적 역할이 대장님의 앞에 놓여 있습니다. 그때 얻은 성과에 기인한 양자회담(남북통일)과 6자회담을 다시 한 번 그때 그 기백으로 화려하게 완성하리라 믿습니다. 우리는 열심히 지켜보며 응원할 것입니다.

김정은 대장님 만세!

적토마에 오르실 때를 기다리며.

　　　　　　─2010년 9월 30일 사이버민족방위사령부 철기전사 일동

김정일을 폐하로 칭하며 북한의 선전 그대로 그를 백두의 혈통이라고 부르고 있다. 또한 글에서 직접 이야기하지 않지만, "그 치열한 격랑 속에서도 적들을 의연히 단숨에 제압하는 모습"이라는 표현은 2010년 3월의 '천안함 폭침사건'을 연상시킨다. 만약 그렇다면 그의 적은 대한민국의 해군이며, 우리 군인이 죽은 사건은 북한은 물론 그에게도 기쁜 일인 것이다. 그는 이런 글들을 카페에 올리며 김정일과 김정은을 노골적으로 찬양하였다. '사이버민족방위사령부'라는 카페 이외에도 비슷한 시기 활동했던 카페들이 여러 개 있었고 운영자들 중 일부는 2015년 5월 현재 구속되어 있다.

2011년 11월 23일에는 국가보안법 위반혐의로 재판을 받던 50대가 두 차례에 걸쳐 "조선민주주의인민공화국 만세"를 외친 사건도 있다. 그는 2008년 12월부터 2011년 3월까지 인터넷 자유토론방과 언론사 시청자 게시판에 고구려, 광명성 등의 닉네임을 사용해 북한을 찬양하는 이적표현물 350여 건을 게재한 혐의로 구속 기소되어 징역 8월이 선고되자 항소하였고 이와 같은 돌출행동으로 또 다시

기소될 예정이다.

한편 2011년 9월 '자유에너지개발자그룹'이라는 과학 사이트로 위장한 개인 홈페이지를 운영하며 "장군님의 위대성 자료" "빨치산의 아들" 등 김정일과 북한 체제를 찬양하는 표현물 60여 건을 게시한 혐의로 구속된 여객기 기장 김 모 씨 사건도 있다. 공안당국은 그가 여객기를 몰고 월북할 가능성 등을 우려, 그가 일하는 항공사에 그의 운항금지를 요청하기도 했다. 일부에서는 너무한 것 아니냐는 우려의 목소리도 있다.

하지만 실제로 1969년 12월 북한공작원에 의해 강릉발 서울행 KAL기가 납치되어 북한으로 끌려간 전례가 있다. 당시 북한은 납치 직후 국제사회의 비난이 빗발치자 약 2개월 후 승객과 승무원 50명 중 승객 39명을 송환했다. 하지만 승객 7명과 승무원 4명 등 11명은 풀어주지 않아 그들의 가족들은 불행한 삶을 살 수밖에 없었다. 운항금지를 너무 가혹한 처사라고 생각할 수도 있지만, 우리는 최악의 상황을 피해야 한다. 한국은 정치범수용소라는 생각을 했던 그가 비행기를 조종할 수 없도록 하는 조치에 찬성하는 이유이다.

이외에도 온라인에서 활동하는 사이버 종북주의자들의 구속사건이 많다. '세계물흙길연맹'을 운영하며 김정일 등을 찬양하는 글과 동영상 379건을 올린 사건도 있다. 거기에는 '연평도는 엄연한 조선

민주주의인민공화국의 영토입니다.' 등의 글이 있다. 특히 이 글을 쓴 사람이 군대에서 정훈장교로 근무하면서 반공교육을 담당했던 전력이 있어서 언론의 주목을 받기도 했다.

이상은 최근 들어 국가보안법으로 구속된 사람들 중 사이버 종북주의자들과 관련된 사건이다. 경찰은 "단순히 글 하나, 표현 하나만 가지고 위법성을 판단하진 않는다."며 "이들을 적발하는 데 신중을 기하고 있다."고 말한다.

물론 한국 국민은 현 정권에 반대를 할 수 있으며 얼마든지 비판할 수 있는 자유가 있다. 그러나 그것이 북한 김정일 정권을 무조건 찬양하는 것을 의미하는 것은 아니다. 이들이 다시는 이런 생각을 갖지 않도록 하는 엄한 조치가 필요한 이유이다. 우리 사회의 안정을 해칠 가능성이 크기 때문이다.

또한 이들이 어떤 계기에 의해 종북주의적인 사고를 갖게 되었는지를 연구해야 한다. 또한 검찰 등 공안기관에서 이와 같은 일의 증가를 막기 위해 더 활발히 활동했으면 한다. 이런 일이 반복되는 것은 우리에게 불행하다.

6부

진보의 리스트에서
종북주의를 빼자

1950년대 미국에는 반(反)공산주의 열풍인 매카시즘 바람이 불었다. 미국 공화당의 상원의원이었던 매카시가 "국무성 안에는 205명의 공산주의자가 있다."는 폭탄발언을 한 것이다. 그는 국가전복을 꾀하는 공산당 첩자들이 활동한다는 주장을 펼치며, 공산주의자로 의심되는 이들을 철저히 수사할 것과 국가 안보에 위협이 되는 그들에게 조치를 취할 것을 당국에 요구했다. 이에 미국 전역에서 반공주의 광풍이 불어 미국사회가 어수선한 분위기에 휩쓸렸다. 여기에 대한 반발로 지나친 반공주의, 정치 경쟁자에 대한 무분별한 비난을 비판하는 말로 매카시즘이라는 용어가 유행하게 됐다.

많은 종북주의자들과 그들의 옹호자들은 보수세력에 대한 비판을 막으려는 의도에서 공산주의에 대한 적개심을 활용하던 매카시즘적 반공주의와 북한 주민의 인권을 지키기 위해 북한 체제의 비인간성을 고발하는 보편적 인권옹호 시각에서의 북한 권력에 대한 비판을 동일시하는 오류를 범하고 있다. 그러나 둘의 차이는 이성이 있는 사람이라면 얼마든지 분별할 수 있다.

2010년 10월 『열린북한방송』은 '청년대장 김정은 동지에 대한 위대성 자료'를 입수하였다. 이 자료는 2009년 하반기 노동당 중앙당 간부들과 당원들을 대상으로 한 김정은 선전자료로 북한이 김정은으로의 후계 체제를 차근차근 준비해 왔음을 증명하는 자료이다. 김정은은 청년대장으로 불리며 군사에도 밝고 첨단과학기술에도 밝은, 멀리 앞을 내다볼 줄 아는 백두산형의 장군이라고 선전한다. 또한 "김정은 청년대장동지는 어버이수령님과 경애하는 장군님의 사상리론적 예지를 천품으로 물려받으신 사상리론적 대가이시다."라며 "어리실 때 벌써 혁명리론들과 관련한 여러 가지 원칙적 문제들에 대한 명철한 견해들을 내놓으시여 사람들을 놀래우시였다."고 극찬하고 있다. 김정은이 이미 세 살 때부터 총을 잡고 명중사격을 했다는 부분에서는 "김일성이 솔방울로 수류탄을 만들고 가랑잎을 타고 강을 건넜다."는 우상화 교육이 떠오르기도 한다.

이러한 선전은 21세기를 살고 있는 우리로서는 도저히 이해할 수가 없다. 그래서 어느 정도 깨어 있는 사람들은 3대 세습에 관한 고민 속에 결국 김정은 체제를 인정할 수 없게 되어 종북주의를 버릴 가능성도 있다. 종북주의 세력이 어느 정도 더 약해질 수 있다는 의미이다. 하지만 남은 종북주의자들은 이러한 선전은 아주 자연스럽게 받아들일 것이다. 물론 지금까지처럼 대놓고 자신들의 입장을 이야기하지는 않을 것이다. 자신들이 불리해지면 늘 침묵해 왔던 그들에게는 자연스러운 일이다.

종북주의 현상은 한국에만 있는 일은 아니었다. 유럽 좌파 중에도 소련이 생긴 지 얼마 되지 않았을 때는 친 소련세력이 상당수 있었다. 소련이 명색이 사회주의를 표방했었고 혁명이 일어난 지도 얼마 되지 않았기 때문이다. 하지만 그들의 소련에 대한 우호적인 태도는 오래가지 않았다. 스탈린 치하의 극악한 인권유린 실태 등이 외부 사회에 알려진 것이다.

이로 인해 소련 등 동유럽 국가들의 반민주성, 인권침해문제에 목소리를 높여야 한다는 사람들이 등장하기에 이르렀다. 대표적인 것이 바로 1951년 7월 발표된 '프랑크푸르트 선언'이다. 이 선언은 세계 30여 개국 사회주의 정당에 의해 '사회주의인터내셔널(Socialist International)'이 결성되면서 발표됐다. '민주사회의 목적과 임무'라는 명분으로 히틀러로 대표되는 자본주의 파시즘도 많은 폐해를 일으켰지만, 소련 스탈린 체제 같은 사회주의 파시즘의 폐해도 인정하여 좌우익의 어떤 독재로부터도 인간의 자유와 존엄을 지키자는 노력을 강조한다.

아직도 종북주의자들은 새누리당은 보수꼴통, 박근혜 정권은 미국의 괴뢰정권, 대기업은 매판자본이기 때문에 이들을 타도의 대상으로 보는 1980년대식 사고에서 벗어나지 못하고 있다. 물론 그들은 북한 정권을 자주적인 정권이라고 판단한다. 프랑크푸르트 선언의 관점에서 보면 종북주의자들은 좌파 파시스트라고 볼 수 있는 것이다.

한 가지 아이러니가 있다. 북한 김정일 정권도 자신들을 위해 애쓰는 종북주의자들을 그다지 신뢰하지 않고 이용만 하려 든다는 점이다. 그래서 이러한 북한의 실상을 파악하고 실망해 반김정일 성향을 띠는 사람도 있다. 김정일 조문과 관련해 불법으로 북한을 방문한 황혜로보다 8년 먼저 북한을 방문했던 이들이다. 1991년 전대협 대표로 북한에 파견되었던 박성희, 성용승 씨 등이 대표적인 경우다.

이들은 당시 당국의 허가 없이 북한을 방문한 대가로 한국에 돌아오지 못하고 독일에 체류하게 되면서 남과 북의 대학생이 만들었다는 조국통일범민족청년연합(범청학련)에서 일하게 된다. 당시 두 사람은 북한에서 보낸 한 명의 대학생과 함께 업무를 보는데, 범청학련의 북측 대표라는 사람이 자꾸 말을 바꾸고 회의 결과를 뒤집었다. 알고 보니 북한에서 지령이 올 때마다 말이 바뀌고 이미 합의한 것도 계속 뒤엎은 것이다.

결국 북한의 비민주적인 관행과 태도에 두 사람은 지쳐갔다. 그러면서 북한사회는 완전한 독재사회이고 민주주의를 전혀 모른다는 것을 깨닫게 되었다. 범청학련은 남과 북의 학생조직이 연합한 것이기 때문에 양측의 합의가 필요하다. 하지만 북한 측 학생에게는 북한의 지침만 중요했기에 합의 같은 건 아무런 의미가 없었다. 결국 두 사람은 독일의 범청학련 사무실을 폐쇄하기로 결정한다.

하지만 여기에 대한 북한 측의 공식 입장은 "박성희, 성용승 두 사람이 안기부에 포섭되어 안기부 프락치가 되었다."는 것이었다. 달면 삼키고 쓰면 뱉는 북한의 행태가 다시 한 번 반복되는 순간이었다. 결국 그들은 입국 기자회견에서 "한총련(두 사람이 귀국하던 때는 전대협에서 한총련으로 이름이 바뀌었다)의 친북투쟁이 북한의 선전선동을 돕는 결과를 초래해 국민 여러분께 사죄한다."고 밝혔다. 물론 이것은 그들의 진심이었다.

주한미군과 관련해 무조건 철수를 주장하는 것이 종북주의자들이다. 그러나 막상 김정일은 여기에 대해 다른 이야기를 했던 것으로 전해져 놀라움을 주고 있다. 박지원 민주당 전 원내대표는 2000

년 남북정상회담을 회고하면서 김정일이 자기와 김대중 대통령에게 "주한미군이 통일 뒤에도 한반도에 주둔해야 동북아 평화가 유지될 수 있다."는 말을 했다고 밝혔다. 그래서 박지원은 "그럼 왜 그토록 주한미군 철수를 부르짖냐?"고 반문했더니, 그는 "그건 국내정치용입니다."라며 능청스레 웃어넘겼다고 한다. 김정일이 속마음을 이야기한 것일까? 박지원 등이 순진하게 속을 것일까? 종북주의자들이 북한의 주한미군 철수 주장에 대해서 다시 생각해야 하는 이유이다.

황장엽 역시 북한에 있을 때 종북주의자들이 실제로는 어떠한 대우를 받는지 증언하고 있다. 겉으로는 칭찬을 하고 더 열심히 종북활동을 하라고 다독이지만 실제로는 가련한 대상이라는 것이다. 황장엽이 직접 만났던 송두율 교수에 관한 이야기라서 흥미를 준다.

예를 들어 나는 독일에 있는 송두율 교수를 잘 알고 있다. 그는 총명하고 박식한 학자이다. 북한 통치자들은 남한 학생들과 독일에 있는 남한 유학생들을 끌어당기기 위하여, 그리고 여러 가지 다른 목적에 이용하기 위하여 그를 김철수라는 가명 밑에 정치국 후보위원으로 선출하고 김일성이 접견한 사진을 크게 보도한 바 있다. 그러면 김정일이 그를 믿고 있는가? 김정일도, 통일전선부 간부들도 그를 믿지 않고 있다. 대남공작을 하던 이선실도 정치국 후보위원으로 선출되었으나 북한에서 그는 가련한 존재로 되고 있다. 만일 송두율 교수가 이선실을 직접 만나면 김일성, 김정일에게 속아서 한 생을 헛되이 보내고 남의 웃음거리가 된 것이 얼마나 가슴 아픈가에 대하여 반드시 듣게 될 것이다.

종북주의자들의 운명은 결국 북한의 독재정권과 함께 준엄한 역사적 심판을 받게 될 것이다. 그러나 북한 독재정권은 아직 건재하다. 김정일 사후 김정은이 권력을 이양받은 것이 얼마 되지 않았지만, 정치범수용소는 계속 유지되고 있고 있으며 생존을 위해 탈북을 시도하는 사람들을 더 엄하게 처벌할 것이라는 엄포도 내놓고 있다. 또 남은 가족을 TV에 출현시켜 한국으로 탈북한 사람들의 마음을 아프게 하고 있다.

김정은은 정권의 안위를 위해 남남갈등을 시도하는 것을 멈추지 않을 것이며 어떠한 도발도 감행해 올 것이다. 지금도 박근혜 정권을 비난하고 있다. 우리가 방심해서는 안 된다는 증거들이다. KAL기 폭파사건의 범인이었던 김현희 씨 역시 우리 국민들의 안보의식을 걱정한다.

김 씨는 "물질적인 면에서는 북한이 남한의 상대가 되지 않는다고 보지만 물질적으로 풍부하니까 안보의식이 부족한 게 아닌가 우려된다."며 "남한 사람 중에는 KAL기 사건을 진짜 모르는 사람도 있지만 알고도 부인하는 사람들이 있다. 그건 결국 통일을 방해하는 일이며 이런 내부의 적이 더 무섭다고 생각한다."고 꼬집었다. 그러면서 "천안함·연평도 사건이 남한 국민의 안보의식을 고양하는 계기가 됐으면 한다."고 말했다. 그의 말을 흘려듣지 않았으면 한다.

앞으로의 한반도

2011년 12월 국회에서는 민주노동당, 진보신당의 탈당파 모임인 '새진보통합연대' '국민참여당'이 함께 회의를 갖고 '통합진보당'의 출범을 선언하였다. 본인들은 진보적 가치를 지키기 위해 통합을 이루었다는 식으로 선전하지만, 정치적 견해가 상당히 다른 세 정당이 모인 것은 오직 하나 2012년 19대 총선에서 의석을 획득하고 대선에서 캐스팅보트를 쥔 후 정권에 들어가기 위한 것 이상도 이하도 아니었다.

그래서 민주노동당이 종북주의 세력과 통합한 것을 "파우스트가 악마에게 영혼을 파는 것과 같다."고 비판했던 사람도 있다. 권력을 얻기 위해 민주주의라는 영혼을 종북주의자에게 판 것이기 때문이다. 역사에 만약은 없다고 하지만 19대 대선에서 이들이 이기고 연정을 한 후 구(舊) 통합진보당 세력, 즉 종북주의자들이 통일부 장관이나 국가정보원장 등이 되었다면 어떻게 되었을까?

종북주의자들의 통일운동은 더욱 적극적으로 이루어졌을 것이다. '코리아연대' 황혜로 공동대표가 당국의 허가 없이 김정일 조문을 위해 북한을 방문한 것이 신호탄이라는 이야기도 있었다. 조문 문제로 남남갈등이 다시 시작되고 있고 "김정은이 처음 시작하는 만큼 좋게 봐주자."는 국민여론이 형성되기 시작하면 이들의 영향력이 커질 가능성은 상당히 높았다. 다행히 고모부인 장성택 등을 처형하는 흉악한 모습 등에서 김정은의 참모습을 본 국민들의 지혜가 고마울 뿐이다.

북한 역시 김정은 정권이 들어선지 5년이 안 되었기 때문에 앞날을 내다보기 힘들다. 20년 이상을 준비한 김정일에 비해서는 매우 짧지만 김정은의 경우 자기 아버지에 비해 2배 정도 속도로 후계 구도를 추진해 온 만큼 아주 짧다고 보기는 어렵다. 김정은의 후계기반이 상당 정도 구축되어 있는 것으로 봐야 하는 이유이다. 물론 갑작스러운 김정일의 사망은 김정은에게 상당한 부담이 되고 말았다. 그래서 그것을 극복하기 위해 공포정치를 하고 있다.

단기간 동안 큰 변란이 일어날 가능성은 많지 않지만, 김정은이 권력을 완전히 잡지 않은 상태이기 때문에 어떠한 돌발변수가 나올지는 아무도 모른다. 장성택 등이 죽었기 때문에 김정은에게 당장 도전할 세력은 없는 것으로 보이지만 감시가 부족한 엉뚱한 사람이 일을 벌이고 이들이 앞장서게 될 가능성도 배제할 수 없다. 김정은 정권이 곧 붕괴할 것이라는 예측을 나쁘게 볼 것이 아니라, 위기관리 차원에서 여기에 대한 대비가 필요하다.

마음을 열고 보수와
진보가 대화하는 날이 오길

2014년 3월 북한의 인권상태가 최악이라는 유엔 북한인권위원회의 COI 보고서가 나왔음에도 북한인권법을 통과시키지 않고 있는 한국의 19대 국회의원들, 특히 민주당의 386정치인들은 각성해야 할 것이다. 또한 우파를 대표한다는 새누리당 국회의원 중에서도 북한인권법을 위해 나서서 싸우는 국회의원은 얼마 되지 않는다. 많은 사람들이 답답한 이유이다. 그러나 이런 암울한 상황에서도 대다수 국민들의 힘을 믿는다.

1945년 해방 이후 한국은 세계에 자랑할 만한 발전을 이루었다. 경제 발전에 이어 민주주의 수준도 상당히 올라갔다. 물론 청년실업률, 주택문제 등 아직 해결해야 할 과제들도 많지만 잘할 것이라는 믿음이 있다. 국가를 운영하는 것은 이상이 아닌 현실적인 문제이기 때문에 약간의 실수도 시행착오도 있었지만, 상대적으로 다른 국가들과 비교해 우리는 잘해 왔다. 물론 지금까지와는 다른 방식으로 국가를 운영할 지도자에 대한 수요도 있음을 인정하며, 열린 토론 문화 속에서 조금 더 한국의 민주주의가 성숙되기를 바란다.

예를 들어 2011년 10월 서울시장 재보선 선거 당시 발생한 디도스 공격의 실체를 밝히는 것이나 「나는 꼼수다」의 일부 허위사실 유포에 대한 문제제기 등은 진보와 보수의 문제가 아닌 한국을 지키기 위한 상식적인 행동이라는 것이라는 공감이 이루어져야 할 것이다.

또한 3대 세습이라는 현대에서는 용납할 수 없는 왕조국가를 세우고 만 북한과 김정은 정권에 대해서는 냉정한 잣대로 봐야 할 것이다. 자기가 보수라고 생각하는 사람들과 대한민국을 사랑하며 북한 체제에 할 말은 하는 진정한 좌파·진보주의자들과의 대화가 필요한 이유이기도 하다. 물론 종북주의자들은 그 자리에서 제외되어야 할 것이며, 자신들의 정치적 이익을 위해 종북주의자들을 이용하는 사람들도 그 자격을 상실해야 한다. 대한민국은 자유민주주의 국가이기 때문에 각종 사상을 갖는 것은 어떻게 보면 당연할 것이다. 그러나 자유롭고 민주적인 사회를 깨는 사상까지 용납해서는 안 된다.

참고문헌

고영환, 『북한외교관 고영환이 밝히는 평양 25시』, 고려원, 1992

고태우, 『한 권으로 보는 북한 현대사 101 장면』, 가람기획, 2000

김동길 · 복거일 외, 『북한자유선언』, 르네상스, 2007

김정래, 『전교조 비평』, 자유기업원, 2008

나탄 샤란스키, 김원호 옮김, 『민주주의를 말한다』, 북@북스, 2005

대한민국정부, 『통합진보당 정당해산심판청구서』, 2013

모나 채런, 안진환 옮김, 『쓸모있는 바보들』, 조선일보사, 2004

류근일 · 홍진표, 『지성과 반지성』, 기파랑, 2005

민족 21 엮음, 『북녘사람들은 어떻게 살고 있을까』, 선인, 2004

우태영, 『82들의 혁명놀음』, 선, 2005

이용준, 『북한핵 새로운 게임의 법칙』, 조선일보사, 2004

이종철, 『진보에서 진보하라』, 베가북스, 2014

정몽준, 『나의 도전 나의 열정』, 김영사, 2011

정창현. 『변화하는 북한 변화하지 않는 북한』, 선인, 2005

주대환, 『대한민국을 사색하다』, 산책자, 2008

주성하, 『서울에서 쓰는 평양 이야기』, 기파랑, 2010

제성호, 유동렬, 『한반도 통일과 재야단체 통일론의 실체』, 자유기업원, 2007

최홍재, 『386의 꿈, 그 성찰의 이유』, 나남출판, 2005

홍진표 외, 『친북주의 연구』, 시대정신, 2010

홍진표 외, 『쓸모있는 바보들의 거짓말』, 기파랑, 2006

하태경 · 허선행, 『북한인권실태와 북한인권운동의 쟁점분석』, 자유기업원, 2009

하태경, 『민주주의는 국경이 없다』, 글통, 2011

후지모토 겐지, 신현호 옮김, 『김정일의 요리사』, 월간조선, 2003

황장엽, 『북한의 진실과 허위』, 시대정신, 2006

황장엽, 『황장엽 회고록』, 시대정신, 2006

〈대한민국 정체성 총서〉 기획위원

자유북한방송 대표	**김성민**
한국자유연합 대표	**김성욱**
군사편찬위원회 책임연구원	**남정욱**
전 월간조선 기자	**이동욱**
변호사	**이인철**
북한인권법 통과를 위한 모임	**인지연**
대한민국 정체성 총서 기획팀장	**홍훈표**

종북주의 연구

펴낸날	**초판 1쇄**	**2015년 5월 30일**

지은이	**류현수**
펴낸이	**김광숙**
펴낸곳	**백년동안**
출판등록	**2014년 3월 25일 제406-2014-000031호**

주소	**경기도 파주시 광인사길 30**
전화	**031-941-8988**
팩스	**070-8884-8988**
이메일	**on100years@gmail.com**

ISBN	**979-11-86061-33-6 04300**

※ 값은 뒤표지에 있습니다.
※ 잘못 만들어진 책은 구입하신 서점에서 바꾸어 드립니다.

이 도서의 국립중앙도서관 출판시도서목록(CIP)은 서지정보유통지원시스템 홈페이지
(http://seoji.nl.go.kr)와 국가자료공동목록시스템(http://www.nl.go.kr/kolisnet)에서
이용하실 수 있습니다.(CIP제어번호: CIP2015014501)

책임편집 **홍훈표**